MAREIKE WEISS

TRAUMRASSE

HAFLINGER

Bibliografische Information der Deutschen Nationalbibliothek
Die Deutsche Nationalbibliothek verzeichnet diese Publikation in der Deutschen Nationalbibliografie,
detaillierte bibliografische Daten sind im Internet über http://dnb.d-nb.de abrufbar

In diesem Buch nutzen wir manchmal geschlechtsneutrale Begriffe, um den Text flüssiger und leichter lesbar zu gestalten. Das bedeutet jedoch nicht, dass wir die Bedeutung des Geschlechts ignorieren oder herabsetzen. Wir erkennen und schätzen die Vielfalt und Einzigartigkeit jedes Einzelnen. In Fällen, in denen eine geschlechtsspezifische Differenzierung für das Verständnis wichtig ist, haben wir diese beibehalten. Bitte verstehen Sie diese vereinfachte Sprache als Teil unseres Bestrebens, das Lesen für alle so angenehm wie möglich zu gestalten. Danke, dass Sie ein Teil unserer Lese-Community sind.

1. Auflage September 2024

Verlag: BoD • Books on Demand GmbH, In de Tarpen 42, 22848 Norderstedt
Druck: Libri Plureos GmbH, Friedensallee 273, 22763 Hamburg
ISBN: 978-3-7597-7454-5
Bildnachweis:
Cover und Fotos im Buch: adobe stock, Pixabay, Wikipedia, Ki-generiert
Illustrationen im Buch: adobe stock - Igor Zakowski, adobe stock - ilyakalinin

Inhaltsverzeichnis

Liebe Leserinnen und Leser,

Willkommen in der faszinierenden Welt der Haflinger, einer Rasse, die durch ihre Vielseitigkeit, Freundlichkeit und Leistungsbereitschaft die Herzen von Pferdeliebhabern auf der ganzen Welt erobert hat. Dieses Buch wurde speziell für Neulinge in der Welt der Haflinger konzipiert und dient als umfassender Leitfaden, um Ihnen den Einstieg in das Abenteuer des Besitzes und Reitens dieser besonderen Pferde zu erleichtern.

Die Entscheidung, einen Haflinger in Ihr Leben zu bringen, ist der Beginn einer aufregenden Reise. Haflinger sind nicht nur für ihre beeindruckende Ausdauer und ihr ruhiges, menschenbezogenes Wesen bekannt, sondern auch für ihre enorme Anpassungsfähigkeit. In diesem Buch möchten wir Ihnen sowohl das notwendige Wissen vermitteln, das Sie als zukünftiger

Pferdebesitzer benötigen, als auch Ihre Begeisterung für die vielfältigen Aspekte des Reitens und der Pflege dieser charmanten Rasse wecken.

Wir beginnen mit einem historischen Überblick, der die Ursprünge und die kulturelle Bedeutung der Haflinger beleuchtet, gefolgt von einer detaillierten Beschreibung ihrer charakteristischen Merkmale und ihres freundlichen Temperaments. Wir führen Sie durch die wichtigsten Überlegungen, die vor dem Kauf eines Haflingers anzustellen sind, und bieten praktische Ratschläge für die tägliche Pflege – von der richtigen Ernährung bis zur Fellpflege.

Darüber hinaus decken wir die Grundlagen des Trainings und der Erziehung ab und erkunden verschiedene Reitstile und Disziplinen, die besonders gut zu den Fähigkeiten der Haflinger passen. Sie erhalten nützliche Tipps zur Auswahl der richtigen Ausrüstung und erfahren, wie Sie sich und Ihr Pferd auf Wettbewerbe oder Freizeitreiten vorbereiten können.

Dieses Buch soll nicht nur ein Ratgeber sein, sondern auch eine Quelle der Inspiration. Es enthält Geschichten und Einblicke, die die besondere Beziehung zwischen Haflingern und ihren Reitern verdeutlichen. Unser Ziel ist es, Ihnen das Rüstzeug zu geben, damit Sie und Ihr Haflinger eine sichere, freudige und erfüllende Zeit zusammen erleben.

Wir laden Sie ein, die Seiten dieses Buches zu durchstöbern und sich auf eine bereichernde Reise mit Ihrem Haflinger zu begeben. Ob Sie sich für die Geschichte, die Pflege, das Training oder das Reiten interessieren, hier finden Sie wertvolle Informationen und Anregungen, die Ihre Erfahrungen mit Ihrem Haflinger prägen werden. Willkommen in der Gemeinschaft der Haflingerbesitzer – eine Welt, die ebenso lohnend wie erfüllend ist.

Viel Freude auf Ihrem Weg mit den Haflingern!

Ihre Mareike Weiss & Team

GESCHICHTE UND URSPRUNG DES HAFLINGERS

Die Geschichte und der Ursprung des Haflingers sind tief in den Alpenregionen verwurzelt, insbesondere in den Gebirgsdörfern Tirols, einer Region, die heute zwischen Österreich und Italien liegt. Die Entstehung dieser robusten und vielseitigen Pferderasse ist eng mit der Geschichte der Menschen dieser Bergregion verbunden, die seit Jahrhunderten auf zuverlässige und starke Pferde angewiesen waren, um in dem rauen und anspruchsvollen Gelände zu überleben.

Die Ursprünge des Haflingers: Ein Blick in die Vergangenheit

Der Ursprung der Haflinger geht auf das späte 19. Jahrhundert zurück. Die Rasse hat ihren Namen von dem kleinen Dorf Hafling, das in der heutigen

italienischen Provinz Südtirol liegt. Dieses abgelegene Gebiet war der
ideale Schauplatz für die Entwicklung einer Pferderasse, die den schwierigen
Lebensbedingungen in den Bergen gewachsen war – ein Pferd, das sowohl als
Lastenträger in der Landwirtschaft als auch als Reitpferd für lange und oft
steile Bergwege dienen konnte.

Die Entstehung der Rasse wurde durch die Kreuzung von lokalen Gebirgspfer-
den mit orientalischen Pferden beeinflusst, insbesondere mit Arabern. Eine
der Schlüsselfiguren in der Zuchtgeschichte des Haflingers war das Hengst-
fohlen 249 Folie, das 1874 geboren wurde. Folie war der Sohn eines arabischen Hengstes namens El Bedavi XXII und einer gebirgstüchtigen Tiroler
Stute. Er gilt als Stammvater der Haflingerzucht, und alle heute lebenden
Haflinger lassen sich auf diese Blutlinie zurückführen. Dieses Kreuzungsexpe-
riment erwies sich als voller Erfolg, denn es führte zur Entstehung eines Pferdes, das die Robustheit und Trittsicherheit der einheimischen Gebirgspferde
mit der Eleganz und Ausdauer der arabischen Pferde kombinierte.

Entwicklung der Rasse im 20. Jahrhundert

In den Jahrzehnten nach der Geburt von 249 Folie entwickelte sich die Haflingerzucht stetig weiter. Die Pferde wurden in Tirol und umliegenden Regionen
für landwirtschaftliche Arbeiten, zum Transport von Gütern und als verlässliche Lastentiere genutzt. Besonders in den Gebirgsregionen waren Haflinger
aufgrund ihrer Ausdauer und ihres sanften Wesens unverzichtbar. Sie konnten
nicht nur schwere Lasten über unwegsames Gelände transportieren, sondern
auch problemlos als Reitpferde für die Bauern und ihre Familien dienen.

Der Haflinger verbreitete sich schnell über die Grenzen Tirols hinaus, und seine Popularität wuchs insbesondere in den Jahren nach dem Ersten Weltkrieg.
Nach dem Krieg wurden viele Haflinger in die italienische Armee eingeglie-
dert, wo sie als Pack- und Zugpferde eingesetzt wurden. Ihr hervorragendes
Temperament und ihre Anpassungsfähigkeit machten sie zu einem unverzicht-
baren Begleiter in schwierigen Situationen.

In den Jahren nach dem Zweiten Weltkrieg wurden systematische Zucht-
programme initiiert, um die Rasse weiter zu festigen und ihre besonderen
Eigenschaften zu erhalten. Die Haflinger wurden in den 1950er und 1960er
Jahren immer mehr als Freizeit- und Reitpferde geschätzt, und ihre Rolle
als Arbeitspferde in der Landwirtschaft trat in den Hintergrund. Die Zuchtstandards wurden streng reguliert, und die Züchter legten großen Wert auf
die Erhaltung der charakteristischen Merkmale des Haflingers: seine goldene
Farbe, seine Mähne und sein Schweif in hellem Blond sowie sein gutmütiges
und freundliches Wesen.

Der Haflinger heute: Eine internationale Erfolgsstory

In der zweiten Hälfte des 20. Jahrhunderts begann der Haflinger seinen Siegeszug über Europa hinaus und fand in vielen Ländern der Welt begeisterte Anhänger. Die Rasse verbreitete sich nach Nordamerika, Australien und in andere Teile der Welt, wo sie sowohl in der Freizeit als auch im Sport erfolgreich eingesetzt wurde. In den 1970er Jahren begannen internationale Zuchtverbände, die Haflingerzucht zu fördern und zu standardisieren. So wurde der Haflinger nicht nur als Gebirgspferd, sondern auch als ideales Freizeitpferd für Reiter aller Altersgruppen etabliert.

Heute ist der Haflinger in vielen Ländern der Welt eine äußerst beliebte Rasse, die für ihre Vielseitigkeit, ihren ruhigen Charakter und ihre Schönheit geschätzt wird. Ob als verlässliches Familienpferd, als Freizeit- oder Sportpferd in Disziplinen wie Dressur, Springen oder Fahren – der Haflinger hat sich als wahres Allround-Talent bewährt. Sein freundliches Wesen und seine enge Bindung an den Menschen machen ihn zudem zu einem idealen Partner in der Therapiearbeit.

Charakteristische Merkmale und der Erhalt der Rasse

Ein typischer Haflinger zeichnet sich durch seine kompakten, muskulösen Körperbau, seine goldene Fellfarbe und die charakteristische helle Mähne aus. Mit einem Stockmaß zwischen 138 und 150 cm gehört der Haflinger zu den Ponyrassen, ist aber kräftig genug, um auch erwachsene Reiter problemlos zu tragen.

Der Erhalt der Rasse wird heute streng überwacht, um die Ursprungsmerkmale des Haflingers zu bewahren. Es gibt internationale Zuchtverbände, die Standards setzen und sicherstellen, dass die Zuchtlinien weiterhin auf die ursprünglichen Blutlinien zurückgehen.

Fazit

Die Geschichte des Haflingers ist die Geschichte einer bemerkenswerten Pferderasse, die sich über Jahrhunderte in den rauen Bergen Tirols entwickelt hat und heute auf der ganzen Welt geschätzt wird. Von seinen Ursprüngen als Arbeitspferd in den Alpen bis hin zu seiner Rolle als vielseitiges Freizeitpferd hat der Haflinger einen weiten Weg zurückgelegt. Sein sanftes Wesen, seine Stärke und seine Anpassungsfähigkeit machen ihn zu einem der beliebtesten Pferde weltweit – und seine Geschichte wird sicherlich auch in den kommenden Jahrhunderten fortgesetzt.

Tolle Kutschpferde.

„Wo auch immer Menschen ihre Fußabdrücke hinterlassen haben, findet man Hufabdrücke neben ihnen…"
-Verfasser unbekannt-

Menschenbezogen.

CHARAKTERISTISCHE MERKMALE DES HAFLINGERS

Der Haflinger ist eine Pferderasse, die durch ihre markanten und unverwech-selbaren Merkmale auffällt.
Diese einzigartigen Eigenschaften machen ihn zu einem der beliebtesten Pfer-de weltweit, sowohl als Freizeit- als auch als Arbeitspferd.

Aussehen und Fellfarbe
Der Haflinger ist bekannt für seine goldene bis fuchsfarbene Fellfarbe, die in

verschiedenen Schattierungen von hell bis dunkel auftreten kann. Eine der auffälligsten Eigenschaften ist die helle, fast weiße Mähne und der ebenso helle Schweif, die in starkem Kontrast zur Fellfarbe stehen. Diese leuchtende Farbgebung hat dem Haflinger nicht nur seinen unverwechselbaren Look verliehen, sondern auch zu seinem Spitznamen „Goldenes Pferd der Alpen" geführt.

Kompakter und kräftiger Körperbau
Haflinger zeichnen sich durch einen kompakten, gut proportionierten Körperbau aus. Sie haben einen starken, muskulösen Hals und eine breite Brust, was ihnen eine imposante, aber dennoch elegante Erscheinung verleiht. Der Rücken des Haflingers ist kurz und kräftig, was ihm eine hervorragende Trag-

kraft verleiht. Mit einem Stockmaß von etwa 138 bis 150 cm gehören Haflinger zu den kleineren Pferderassen, ihre robuste Statur und ihre Kraft machen sie jedoch ideal für Reiter jeder Größe.

Trittsicher und ausdauernd

Haflinger wurden ursprünglich in den Bergregionen Tirols gezüchtet, was ihnen eine bemerkenswerte Trittsicherheit und Ausdauer verlieh. Ihr Körperbau ist für schwieriges Gelände optimal geeignet, weshalb sie auch heute noch in Gebirgsregionen sehr geschätzt werden. Sie besitzen starke, gut geformte Beine mit robusten Hufen, die sie ideal für Arbeitseinsätze auf unwegsamem Gelände machen.

Freundliches und ausgeglichenes Wesen

Ein besonders herausragendes Merkmal des Haflingers ist sein freundliches, gutmütiges und ausgeglichenes Wesen. Diese Pferde sind bekannt dafür, einen engen Bezug zu Menschen aufzubauen und ein hohes Maß an Vertrauen zu entwickeln. Ihr sanftes Temperament macht sie zu idealen Partnern für Reiter aller Altersgruppen, insbesondere für Anfänger und Kinder. Haflinger sind geduldig, lernen schnell und haben eine hohe Bereitschaft zur Zusammenarbeit, was sie zu zuverlässigen und vielseitigen Reit- und Arbeitspferden macht.

Vielseitigkeit

Haflinger sind extrem vielseitig und werden in einer Vielzahl von Disziplinen eingesetzt. Sie sind sowohl für Freizeitaktivitäten wie Wanderritte und Reittherapie als auch für sportliche Disziplinen wie Dressur, Springreiten und Fahrsport hervorragend geeignet. Darüber hinaus sind sie nach wie vor als Arbeitspferde in der Landwirtschaft und im Forstwesen geschätzt, insbesondere in Regionen, wo Maschinen nicht eingesetzt werden können.

Langlebigkeit und Gesundheit

Haflinger sind für ihre robuste Gesundheit und Langlebigkeit bekannt. Sie sind in der Regel widerstandsfähig gegenüber Krankheiten und können bei richtiger Pflege und Haltung ein hohes Alter erreichen. Ihre starke Konstitution macht sie zu langlebigen und zuverlässigen Begleitern für ihre Besitzer.

Anpassungsfähigkeit

Ein weiteres charakteristisches Merkmal des Haflingers ist seine Anpassungsfähigkeit. Er ist sowohl im Stall als auch in der Offenstallhaltung gut unterzubringen und kann sich an unterschiedliche klimatische Bedingungen anpassen.

Diese Rasse ist bekannt dafür, auch unter anspruchsvollen Bedingungen, wie kalten Wintern oder steilen Bergpfaden, leistungsfähig und arbeitswillig zu bleiben.

Fazit

Der Haflinger ist eine einzigartige Pferderasse, die durch ihre Schönheit, Stärke und ihren ausgeglichenen Charakter besticht. Seine goldene Fellfarbe, die helle Mähne und sein kraftvoller Körperbau machen ihn nicht nur optisch unverwechselbar, sondern auch zu einem äußerst vielseitigen und zuverlässigen Partner im Reitsport und in der Freizeit. Haflinger überzeugen durch ihre Trittsicherheit, ihre freundliche Natur und ihre Anpassungsfähigkeit, was sie zu einem idealen Begleiter für Pferdeliebhaber auf der ganzen Welt macht.

DIE ANSCHAFFUNG EINES HAFLINGERS.

Bevor Sie sich für die Anschaffung eines Haflingers entscheiden, sollten Sie sich einige grundlegende Fragen stellen:

Habe ich genug Erfahrung mit Pferden?

Haflinger sind in der Regel gutmütig und umgänglich, aber auch diese Pferderasse benötigt eine konsequente Führung und regelmäßiges Training. Für Anfänger könnte es hilfreich sein, vor dem Kauf Unterricht oder Kurse zu besuchen, um den sicheren Umgang mit Pferden zu erlernen.

Welche Erwartungen habe ich an mein Pferd?

Haflinger sind vielseitige Pferde, die sich für Freizeitaktivitäten wie Wanderritte, Dressur, Springreiten oder Fahrten mit der Kutsche eignen.

Doch nicht jeder Haflinger ist für alle Disziplinen gleichermaßen geeignet. Überlegen Sie, welche Aktivitäten Sie mit Ihrem Pferd unternehmen möchten, und suchen Sie nach einem Haflinger, der Ihren Anforderungen entspricht.

Bin ich bereit für die langfristige Verantwortung?

Pferde können 25 Jahre und älter werden, was bedeutet, dass die Entscheidung, ein Pferd anzuschaffen, eine langfristige Verpflichtung darstellt. Neben der täglichen Pflege und dem Training sind auch regelmäßige Tierarztbesuche und eventuell unerwartete gesundheitliche Probleme einzuplanen.

Der richtige Haflinger: Zucht und Auswahl

Sobald Sie sich für die Anschaffung eines Haflingers entschieden haben, geht es darum, das richtige Pferd für Ihre Bedürfnisse und Fähigkeiten zu finden. Hier einige Tipps für die Auswahl:

Herkunft und Zucht:

Informieren Sie sich über den Züchter und die Abstammung des Pferdes. Ein seriöser Züchter legt Wert auf gesunde, gut erzogene Pferde, die den Zuchtstandards entsprechen. Achten Sie darauf, dass der Haflinger aus einer kontrollierten und verantwortungsbewussten Zucht stammt.

Alter und Ausbildungsstand:

Je nach Ihrer Erfahrung und Ihrem Ziel sollten Sie das Alter und den Ausbildungsstand des Pferdes berücksichtigen. Ein junges, noch unerfahrenes Pferd benötigt intensive Ausbildung und Führung, während ein älterer, gut ausgebildeter Haflinger möglicherweise der bessere Partner für unerfahrene Reiter ist.

Gesundheit und Verhalten:

Lassen Sie das Pferd von einem Tierarzt untersuchen, bevor Sie es kaufen. Der Tierarzt sollte insbesondere die Zähne, die Hufe, die Beweglichkeit und den allgemeinen Gesundheitszustand überprüfen.

Achten Sie auch auf das Verhalten des Pferdes. Ein freundlicher, aufgeschlossener Haflinger wird leichter zu handhaben sein als ein scheues oder aggressives Pferd.

Kosten bei der Anschaffung eines Haflingers

Neben dem Kaufpreis eines Haflingers müssen auch die laufenden Kosten beachtet werden, die sich durch die Haltung, Pflege und Versorgung des Pferdes ergeben.

Hier einige der wichtigsten Kostenfaktoren:

Kaufpreis:
Der Preis eines Haflingers variiert stark je nach Alter, Ausbildung und Zucht-
linie. In der Regel liegt der Preis für ein gut ausgebildetes Haflinger-Reitpferd
zwischen 3.000 und 8.000 Euro.

Ausrüstung:
Für die Pflege und das Reiten des Haflingers benötigen Sie eine Grundaus-
stattung. Dazu gehören ein passender Sattel, Zaumzeug, Decken, Putzzeug
und weiteres Zubehör wie Hufpflegeprodukte. Die Erstausrüstung kann leicht
mehrere hundert Euro kosten.

Unterbringung und Futter:
Die Haltung eines Pferdes ist ein wesentlicher Kostenfaktor. Wenn Sie das
Pferd nicht auf Ihrem eigenen Hof unterbringen können, müssen Sie Pen-
sionskosten für eine Box in einem Reitstall einplanen. Diese liegen je nach
Region und Angebot zwischen 200 und 500 Euro pro Monat. Hinzu kommen
die Kosten für Futter (Heu, Kraftfutter) und Einstreu.

Tierarztkosten und Hufpflege:
Regelmäßige Tierarztbesuche, Impfungen, Wurmkuren und die Pflege der
Hufe (Hufschmied) sind wichtige Bestandteile der Pferdehaltung. Diese Kos-
ten fallen laufend an und sollten bei der Kalkulation nicht vergessen werden.

Versicherungen:
Es ist ratsam, eine Haftpflichtversicherung für Ihr Pferd abzuschließen. Diese
deckt mögliche Schäden ab, die Ihr Haflinger verursachen könnte. Eine Krankenversicherung für das Pferd kann ebenfalls sinnvoll sein, insbesondere für
teure tierärztliche Behandlungen.

Die richtige Unterbringung und Pflege

Haflinger sind robuste Pferde, die gut in Offenstallhaltung oder in einer Box
mit Auslauf gehalten werden können. Wichtig ist, dass der Haflinger ausreichend Bewegung und Kontakt zu Artgenossen hat, da Pferde Herdentiere sind
und soziale Interaktion brauchen.

Stall und Weide:
Ein großzügiger Auslauf auf der Weide ist ideal für Haflinger. Sie benötigen
viel Bewegung, um gesund und ausgeglichen zu bleiben. Ein gut strukturierter
Stall, der Schutz vor Wetterbedingungen bietet, ist ebenfalls wichtig.

Fütterung:
Die Fütterung des Haflingers sollte an seine Bedürfnisse angepasst werden.
In der Regel reicht gutes Heu als Hauptfutter aus, ergänzt durch Mineralien
und, wenn nötig, Kraftfutter. Wichtig ist zudem, dass dem Pferd stets frisches
Wasser zur Verfügung steht.

Pflege:
Haflinger sind pflegeleicht, aber regelmäßige Pflege ist dennoch erforder-
lich. Dazu gehört das tägliche Putzen, um Staub und Schmutz aus dem Fell
zu entfernen und die Gesundheit der Haut zu fördern. Die Hufpflege sollte
ebenfalls regelmäßig durchgeführt werden, um Verletzungen oder Infektionen
zu vermeiden.

Training und Beschäftigung

Haflinger sind vielseitige Pferde, die sowohl als Freizeit- als auch als Sport-
pferde eingesetzt werden können. Ihr ruhiges Temperament und ihre Lernbereitschaft machen sie zu idealen Partnern für Reiter jeder Erfahrungsstufe.
Regelmäßiges Training ist jedoch wichtig, um das Pferd körperlich und geistig
fit zu halten.

Reitunterricht:
Gerade für Anfänger ist es ratsam, Reitunterricht zu nehmen, um den richtigen Umgang mit dem Haflinger zu erlernen. Ein erfahrener Reitlehrer kann
helfen, das Training zu strukturieren und die Beziehung zwischen Reiter und
Pferd zu stärken.

Vielseitige Beschäftigung:
Haflinger eignen sich für viele verschiedene Reitdisziplinen, von der Dressur
über das Springreiten bis hin zu Wander- oder Geländeritten. Auch im Fahren,
also beim Ziehen von Kutschen oder Wagen, sind sie aufgrund ihrer Kraft und
Ausdauer erfolgreich.

Fazit
Die Anschaffung eines Haflingers ist eine wunderbare, aber auch verantwor-
tungsvolle Entscheidung. Es erfordert sorgfältige Überlegung, Planung und
langfristige Verpflichtung, um sicherzustellen, dass sowohl Pferd als auch Besitzer zufrieden und glücklich miteinander sind. Wenn Sie jedoch bereit sind,
diese Verantwortung zu übernehmen, können Sie mit einem Haflinger einen
treuen, vielseitigen und liebevollen Partner für viele Jahre gewinnen.

VIELLEICHT IST AUCH EINE TEILHABERSCHAFT BEI EINEM HAFLINGER SINNVOLL?

Der Besitz eines Pferdes, insbesondere eines Haflingers, ist für viele ein lang gehegter Traum.

Allerdings bringt der Kauf und die Pflege eines Pferdes erhebliche finanzielle und zeitliche Verpflichtungen mit sich.

Eine Teilhaberschaft kann eine attraktive Alternative sein, die es ermöglicht, die Freuden des Pferdebesitzes zu erleben, ohne die volle Last der Verantwortung alleine tragen zu müssen.

Im Folgenden werden die verschiedenen Aspekte einer Teilhaberschaft an einem Haflinger ausführlich beleuchtet.

Finanzielle Aspekte

1. Anschaffungskosten:
Der Kauf eines Haflingers kann je nach Abstammung, Ausbildung und Alter
mehrere Tausend bis Zehntausend Euro kosten. In einer Teilhaberschaft werden diese Kosten unter den Teilhabern aufgeteilt, was die anfängliche finanzielle Belastung erheblich reduziert.

2. Laufende Kosten:
Unterbringung: Die Stallmiete kann monatlich zwischen 200 und 600 Euro
oder mehr kosten, abhängig von den Stallbedingungen und der Region. In
einer Teilhaberschaft teilen sich die Partner diese Kosten.

Futter und Pflege: Die Kosten für Futter, Hufpflege, Tierarztbesuche und
Impfungen können sich auf mehrere Hundert Euro pro Monat belaufen. Auch
hier bietet eine Teilhaberschaft finanzielle Entlastung durch die Aufteilung
dieser Ausgaben.

Versicherungen: Haftpflicht- und Krankenversicherungen sind notwendig und
kostenpflichtig. Die Prämien können in einer Teilhaberschaft ebenfalls aufgeteilt werden.

3. Unvorhergesehene Kosten:
Tierarztrechnungen für plötzliche Erkrankungen oder Verletzungen können
hoch sein. Eine gemeinsame Übernahme dieser Kosten kann das finanzielle
Risiko verringern.

Zeitliche Aspekte

1. Tägliche Pflege und Bewegung:
Pferde benötigen tägliche Pflege und Bewegung. Dies umfasst das Füttern,
Ausmisten des Stalls, und das Bewegen des Pferdes durch Reiten oder Longieren. In einer Teilhaberschaft können diese Aufgaben zwischen den Partnern aufgeteilt werden, was den Zeitaufwand für den Einzelnen reduziert.

2. Flexibilität:
Eine Teilhaberschaft bietet mehr Flexibilität. Wenn ein Teilhaber krank ist,
Urlaub macht oder aus anderen Gründen verhindert ist, können die anderen
Teilhaber die Pflege übernehmen. Dies verhindert, dass das Pferd vernachläs-
sigt wird und bietet jedem Teilhaber mehr Freizeit.

3. Training und Weiterbildung:

Pferde profitieren von regelmäßigem Training. In einer Teilhaberschaft können sich die Partner absprechen, um sicherzustellen, dass das Pferd regelmäßig und konsistent trainiert wird.

Dies ist besonders wichtig für die Ausbildung und das Wohlbefinden des Pferdes.

Soziale Aspekte

1. Gemeinschaft und Austausch:
Eine Teilhaberschaft fördert den Austausch und die Gemeinschaft zwischen den Teilhabern. Dies kann zu einer bereichernden Erfahrung werden, bei der man voneinander lernt und gemeinsame Erlebnisse teilt.

Gemeinsame Ausritte, Trainingseinheiten oder sogar Teilnahme an Wettbewerben können das Gemeinschaftsgefühl stärken und zu lang anhaltenden Freundschaften führen.

2. Verantwortungsaufteilung:
Die Verantwortung für das Wohl des Pferdes wird geteilt. Dies kann den Stress und Druck verringern, der oft mit dem alleinigen Besitz eines Pferdes einhergeht.
Entscheidungen bezüglich Pflege, Training und Gesundheitsvorsorge können gemeinsam getroffen werden, was zu besseren Ergebnissen für das Pferd führen kann.

Rechtliche Aspekte
1. Vertragliche Vereinbarungen:

Eine klare vertragliche Vereinbarung ist entscheidend für eine erfolgreiche Teilhaberschaft. Der Vertrag sollte alle relevanten Aspekte regeln, darunter finanzielle Beiträge, Pflichten und Rechte der Teilhaber, Entscheidungsprozesse und die Regelungen im Falle von Meinungsverschiedenheiten oder Beendigung der Teilhaberschaft.

Der Vertrag sollte auch festlegen, wie die Aufteilung der Nutzung des Pferdes geregelt ist, um sicherzustellen, dass alle Teilhaber fairen Zugang haben.

2. Versicherung:

Es ist wichtig, dass das Pferd haftpflichtversichert ist, um potenzielle Schäden abzudecken, die das Pferd verursachen könnte. In einer Teilhaberschaft sollten alle Teilhaber in die Versicherungspolice eingeschlossen werden.

Eine Krankenversicherung für das Pferd kann ebenfalls sinnvoll sein, um unvorhergesehene Tierarztkosten abzudecken.

Emotionale Aspekte

1. Bindung zum Pferd:
Eine Teilhaberschaft kann es ermöglichen, eine enge Bindung zu einem Pferd aufzubauen, ohne die volle Verantwortung und den damit verbundenen Stress zu tragen. Dies kann besonders vorteilhaft für Menschen sein, die noch keine Erfahrung im Pferdebesitz haben.
Durch die gemeinsame Pflege und Betreuung des Pferdes können die Teilhaber eine starke emotionale Verbindung zu dem Tier aufbauen.

2. Konfliktpotenzial:

Wie in jeder Partnerschaft können auch in einer Teilhaberschaft Konflikte auftreten. Es ist wichtig, von Anfang an klare Kommunikationswege zu etablieren und regelmäßige Treffen zu vereinbaren, um eventuelle Missverständnisse oder Meinungsverschiedenheiten zu klären.

Eine gute Zusammenarbeit und die Bereitschaft, Kompromisse einzugehen, sind entscheidend für den langfristigen Erfolg der Teilhaberschaft.

Fazit
Eine Teilhaberschaft an einem Haflinger kann eine sinnvolle und attraktive Alternative zum vollständigen Kauf eines Pferdes sein. Sie bietet die Möglichkeit, die Freuden und Herausforderungen des Pferdebesitzes zu erleben, ohne die volle finanzielle und zeitliche Last alleine tragen zu müssen. Durch die gemeinsame Verantwortung und die Aufteilung der Kosten und Pflichten können die Teilhaber die Vorteile des Pferdebesitzes genießen und gleichzeitig eine ausgewogene Balance zwischen Freizeit und Verpflichtungen finden.

Mit einer sorgfältigen Planung, klaren vertraglichen Vereinbarungen und einer offenen Kommunikation kann eine Teilhaberschaft eine bereichernde und erfüllende Erfahrung sein, sowohl für die Teilhaber als auch für das Pferd.

WELCHE HALTUNG, WELCHER STALL?

Die Wahl des richtigen Stalls und der passenden Haltungsform für Deinen Haflinger ist von entscheidender Bedeutung für sein Wohlbefinden, seine Gesundheit und sein Verhalten.

Verschiedene Faktoren wie die individuellen Bedürfnisse des Pferdes, die verfügbare Infrastruktur, das örtliche Klima und die persönlichen Vorlieben des Besitzers spielen dabei eine Rolle.

Ein detaillierter Blick auf verschiedene Aspekte der Stallhaltung kann dabei helfen, die beste Entscheidung zu treffen:

Offenstallhaltung:

Die Offenstallhaltung bietet Haflingern eine Umgebung, die ihrem natürlichen Herdenverhalten entspricht.

In einem Offenstall haben die Pferde viel Platz zum Bewegen, Sozialkontakt mit Artgenossen und Zugang zu frischer Luft und Weidegras.

Dies ermöglicht eine natürliche Bewegung und fördert das Wohlbefinden der Pferde.

Der Offenstall eignet sich besonders gut für Haflinger, die viel Bewegung und freie Bewegungsmöglichkeiten benötigen.

Aktivstallhaltung:

Ein Aktivstall ist eine moderne Stallform, die speziell darauf ausgelegt ist, den Pferden Bewegungsanreize und Beschäftigungsmöglichkeiten zu bieten.

In einem Aktivstall können Haflinger verschiedene Aktivitäten wie Futter suchen, Klettern, Herumtollen und Spielen ausführen, was ihrer natürlichen Neugier und ihrem Bewegungsdrang entgegenkommt.

Die Aktivstallhaltung fördert die physische und mentale Gesundheit der Pferde und bietet ihnen eine abwechslungsreiche Umgebung.

Boxenhaltung mit täglichem Weidegang:

Wenn kein Offenstall oder Aktivstall verfügbar ist, kann eine Boxenhaltung mit täglichem Weidegang eine gute Option sein.

In einer Box hat der Haflinger einen geschützten Bereich zum Ausruhen und Schlafen, während der tägliche Weidegang ihm die Möglichkeit bietet, sich frei zu bewegen und frische Luft zu schnappen.

Es ist wichtig, sicherzustellen, dass die Box ausreichend groß ist, damit sich das Pferd darin frei bewegen kann, und dass es regelmäßigen Auslauf bekommt, um seine natürlichen Bedürfnisse zu befriedigen.

Stallklima und Belüftung:

Unabhängig von der Art der Stallhaltung ist ein gutes Stallklima und eine ausreichende Belüftung von entscheidender Bedeutung für das Wohlbefinden der Haflinger.

Der Stall sollte gut belüftet sein, um eine gute Luftzirkulation zu ermöglichen und die Bildung von Schimmel und Feuchtigkeit zu vermeiden.

Im Sommer sollte der Stall kühl und schattig sein, während er im Winter ausreichend geschützt und isoliert sein sollte, um vor Kälte und Zugluft zu schützen.

Fütterung und Tränke:

Der Stall sollte über ausreichend Futter- und Tränkemöglichkeiten verfügen, die den individuellen Bedürfnissen der Haflinger gerecht werden.

Frisches Wasser sollte jederzeit in ausreichender Menge zur Verfügung stehen, und das Futterangebot sollte den ernährungsphysiologischen Anforderungen entsprechen, um eine ausgewogene Ernährung sicherzustellen.

Es ist wichtig, die Fütterung auf die Bedürfnisse des einzelnen Pferdes abzustimmen und Überfütterung sowie Mangelernährung zu vermeiden.

Pflege und Unterbringung:

Ein gut gepflegter Stall mit regelmäßiger Reinigung und Desinfektion trägt zur Gesundheit und Hygiene der Haflinger bei.

Der Stall sollte über ausreichend Platz für die Lagerung von Futter, Einstreu und Pflegeutensilien verfügen, und die Boxen oder Paddocks sollten regelmäßig gemistet und instand gehalten werden, um Verletzungsgefahren zu minimieren.

Eine regelmäßige Pflege wie das Bürsten des Fells, das Reinigen der Hufe und das Entfernen von Schmutz und Staub ist ebenfalls wichtig, um die Gesundheit und das Wohlbefinden der Pferde zu erhalten.

Insgesamt ist die Wahl des richtigen Stalls für deinen Haflinger eine wichtige Entscheidung, die sorgfältig getroffen werden sollte, um sicherzustellen, dass das Pferd eine sichere, gesunde und artgerechte Umgebung hat, in der es sich wohl fühlen kann.
Es ist wichtig, die Bedürfnisse des Pferdes sowie die örtlichen Gegebenheiten und die persönlichen Präferenzen des Besitzers zu berücksichtigen, um die

bestmögliche Haltung und Unterbringung zu gewährleisten.

Die Auswahl des richtigen Stalls für deinen Haflinger wird nicht nur von den Bedürfnissen des Pferdes und den örtlichen Gegebenheiten beeinflusst, sondern auch von der von dir praktizierten Reitsportart und den damit verbundenen Anforderungen.

Jede Reitsportart hat ihre eigenen spezifischen Anforderungen an die Haltung und Unterbringung der Pferde, die bei der Stallwahl berücksichtigt werden müssen.

Wenn du beispielsweise im Springreiten aktiv bist, benötigt dein Haflinger möglicherweise einen Stall mit ausreichend Platz für das Springtraining, einschließlich eines gut gepflegten Springplatzes oder eines Parcours.

Ein Stall in der Nähe von Reitwegen oder Geländestrecken wäre ideal für Vielseitigkeitsreiter, die gerne im Gelände trainieren.

Dressurreiter hingegen benötigen möglicherweise einen Stall mit einem großen Reitplatz und guten Bodenverhältnissen für das Dressurtraining.

Die Kosten spielen natürlich auch eine wichtige Rolle bei der Stallwahl. Ein Stall mit umfangreichen Einrichtungen und Dienstleistungen kann teurer sein als ein einfacherer Stall ohne diese Annehmlichkeiten. Es ist wichtig, die monatlichen Stallgebühren sowie eventuelle zusätzliche Kosten für Dienstleistungen wie Futter, Einstreu, Tierarzt- und Hufschmiedbesuche sowie Training und Unterricht zu berücksichtigen.

Ein weiterer Faktor bei der Stallwahl ist die Verfügbarkeit von Trainern, Ausbildern und anderen Reitsportlern, die deine Reitsportart praktizieren. Ein Stall, der eine aktive Reitsportszene hat und regelmäßig Turniere, Trainingskurse und Veranstaltungen anbietet, kann für dich und deinen Haflinger von Vorteil sein, da es dir die Möglichkeit bietet, dich weiterzuentwickeln, zu trainieren und von anderen Reitern zu lernen.

Insgesamt ist die Wahl des richtigen Stalls eine individuelle Entscheidung, die von verschiedenen Faktoren abhängt, darunter die Bedürfnisse des Pferdes, die Anforderungen deiner Reitsportart, die örtlichen Gegebenheiten und die finanziellen Möglichkeiten.
Es ist wichtig, sorgfältig zu prüfen, welche Option am besten zu deinen Bedürfnissen und Zielen passt, um eine optimale Haltung und Unterbringung für deinen Haflinger zu gewährleisten.

DIE ARBEIT EINES HUFSCHMIEDES

Die Arbeit eines Hufschmieds ist von entscheidender Bedeutung für die Gesundheit und Leistungsfähigkeit von Pferden. Ein Hufschmied ist ein Experte für die Pflege der Hufe und die Anpassung von Hufeisen, um die Hufe in einem optimalen Zustand zu halten und potenzielle Probleme zu vermeiden oder zu behandeln.

Hufpflege:

Die regelmäßige Hufpflege ist ein wesentlicher Bestandteil der Arbeit eines Hufschmieds. Dies umfasst das Ausschneiden und Formen der Hufe, um eine optimale Hufbalance und Hufmechanik zu gewährleisten. Der Hufschmied entfernt überschüssiges Horn, bearbeitet eventuelle Unregelmäßigkeiten und trimmt die Hufe so, dass sie eine gleichmäßige Belastung erhalten.

Hufbeschlag:

Ein wichtiger Teil der Arbeit eines Hufschmieds ist das Anpassen und Anbringen von Hufeisen. Je nach den Bedürfnissen des Pferdes und seiner Nutzung können verschiedene Arten von Hufeisen verwendet werden, einschließlich traditioneller Eisenhufeisen, Kunststoffbeschlägen oder speziellen Beschlagsystemen. Der Hufschmied passt die Hufeisen individuell an die Hufe des Pferdes an und befestigt sie sicher, um eine optimale Unterstützung und Dämpfung zu gewährleisten.

Behandlung von Hufproblemen:

Hufschmiede sind auch dafür verantwortlich, Hufprobleme zu erkennen und zu behandeln. Dazu gehören Probleme wie Hufabszesse, Hufrehe, Hufrolle und Hufknorpelentzündung. Der Hufschmied arbeitet eng mit Tierärzten zusammen, um die richtige Diagnose zu stellen und einen geeigneten Behandlungsplan zu entwickeln, der eine Kombination aus Hufpflege, Beschlag und medizinischer Behandlung umfassen kann.

Beratung und Schulung:

Ein erfahrener Hufschmied fungiert oft auch als Berater und Trainer für Pferdebesitzer und Reiter. Er gibt Empfehlungen zur Hufpflege, zum Hufbeschlag und zur allgemeinen Hufgesundheit und kann Schulungen und Demonstrationen zur richtigen Hufpflege und zum richtigen Umgang mit den Hufen anbieten.

Weiterbildung und Forschung:

Die Arbeit eines Hufschmieds erfordert ständige Weiterbildung und Weiterentwicklung, um mit den neuesten Entwicklungen in der Hufpflege und im Hufbeschlag Schritt zu halten. Viele Hufschmiede nehmen an Fortbildungen, Seminaren und Workshops teil und betreiben eigene Forschung, um ihr Fachwissen zu erweitern und ihre Fähigkeiten zu verbessern.

Insgesamt spielt der Hufschmied eine entscheidende Rolle bei der Erhaltung der Gesundheit und Leistungsfähigkeit von Pferden durch die richtige Pflege und Behandlung ihrer Hufe. Seine Fachkenntnisse und Fähigkeiten sind für die Sicherheit und das Wohlbefinden der Pferde unerlässlich und tragen dazu bei, dass sie ihr volles Potenzial entfalten können.

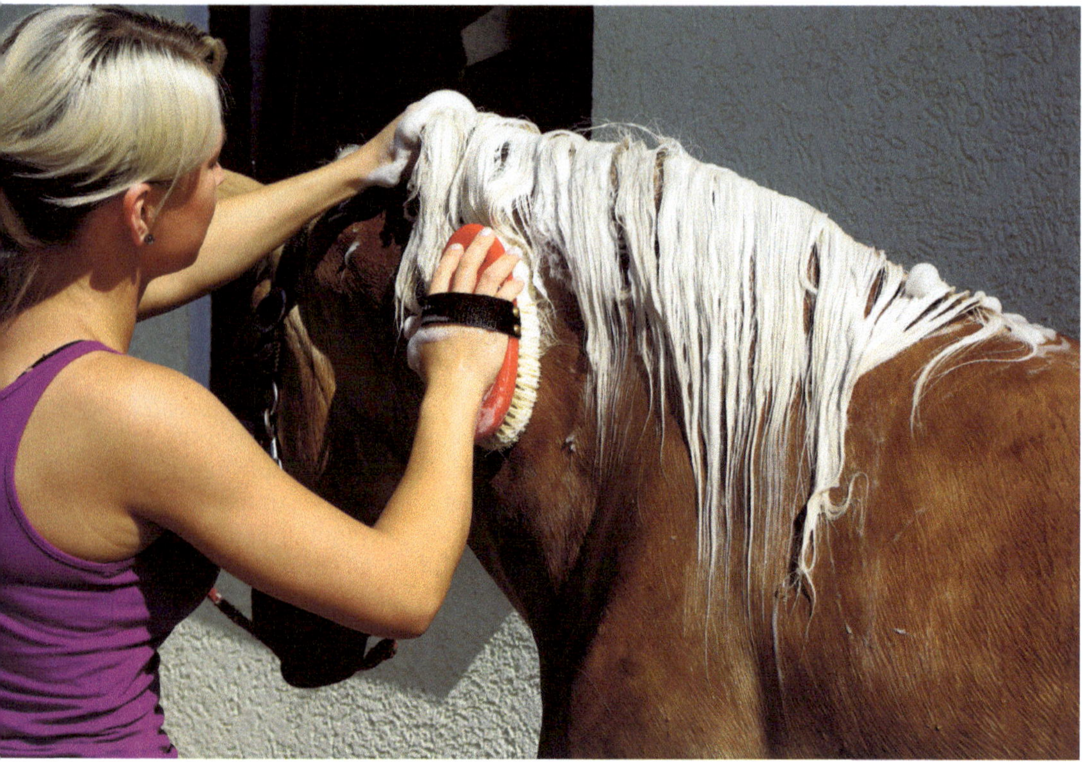

DIE GRUNDLAGEN DER PFERDEPFLEGE

Die richtige Pflege ist entscheidend für das Wohlbefinden eines jeden Pferdes, einschließlich des Haflingers.

Eine regelmäßige und gründliche Pferdepflege stärkt nicht nur die Gesundheit des Tieres, sondern fördert auch die Bindung zwischen Pferd und Mensch.

Haflinger, die für ihre Robustheit und ihr menschenbezogenes Wesen bekannt sind, profitieren ebenso von einer systematischen Pflege, um ihre Vitalität und Leistungsfähigkeit zu erhalten.

Im Folgenden werden die wesentlichen Grundlagen der Pferdepflege erläutert, die bei einem Haflinger beachtet werden sollten.

Tägliches Putzen

Das tägliche Putzen des Haflingers ist nicht nur wichtig für die Sauberkeit, sondern auch für die Gesundheit des Fells und der Haut. Durch das Bürsten wird lose Haut, Schmutz und überschüssiges Haar entfernt, und die Durchblutung der Haut wird angeregt.

Kardätsche und Striegel: Der Striegel wird verwendet, um groben Schmutz und Staub aus dem Fell zu entfernen, während die Kardätsche für eine gründliche Reinigung und Glanz sorgt.

Mähne und Schweif pflegen: Haflinger haben oft eine dichte, lange Mähne und einen vollen Schweif. Diese sollten regelmäßig entwirrt und vorsichtig gebürstet werden, um Verfilzungen zu vermeiden. Spezielle Pflegemittel können dabei helfen, das Haar geschmeidig und glänzend zu halten.

Hufpflege
Die Hufe des Pferdes sind besonders wichtig für seine Gesundheit und Leistungsfähigkeit. Bei Haflingern, die oft im Gelände unterwegs sind, ist die regelmäßige Kontrolle und Pflege der Hufe unverzichtbar.

Tägliches Auskratzen: Vor und nach dem Reiten sollten die Hufe täglich mit einem Hufkratzer gereinigt werden, um Steine, Schmutz und Dreck zu entfernen. Dies verhindert Verletzungen und Entzündungen.

Regelmäßige Hufbearbeitung: Haflinger sollten alle 6 bis 8 Wochen vom Hufschmied untersucht werden, um sicherzustellen, dass die Hufe korrekt bearbeitet werden. Besonders bei Pferden, die im Gelände geritten werden, ist eine gute Hufpflege entscheidend, um die Trittsicherheit zu gewährleisten.

Ernährung und Fütterung

Die Ernährung eines Haflingers spielt eine zentrale Rolle für seine Gesundheit und Fitness. Als robustes Gebirgspferd hat der Haflinger einen genügsamen Stoffwechsel, weshalb auf eine ausgewogene und maßvolle Fütterung geachtet werden sollte.

Grundnahrung: Heu und Gras: Die Hauptnahrungsquelle eines Haflingers sollte qualitativ hochwertiges Heu sein, ergänzt durch Weidegang. Eine zu kalorienreiche Fütterung kann bei Haflingern, die anfällig für Übergewicht sind, zu Problemen wie Hufrehe führen.

Mineralien und Vitamine: Neben dem Heu sollte der Haflinger regelmäßig mit Mineralien und Vitaminen versorgt werden. Mineralstoffmischungen oder Salzlecksteine sind hierfür ideal.

Kraftfutter in Maßen: Haflinger, die regelmäßig im Training stehen oder schwere Arbeit leisten, können mit Kraftfutter unterstützt werden. Dies sollte jedoch immer in Maßen und abgestimmt auf den individuellen Bedarf erfolgen.

Zahn- und Maulpflege

Die Zahnpflege wird bei vielen Pferden oft vernachlässigt, ist jedoch essenziell für das Wohlbefinden. Haflinger sollten regelmäßig tierärztlich untersucht werden, um sicherzustellen, dass keine Zahnprobleme vorliegen, die das Fressen erschweren.

Regelmäßige Kontrolle: Einmal im Jahr sollte der Tierarzt die Zähne des Haflingers kontrollieren und gegebenenfalls scharfe Kanten glätten. Dies verhindert Verletzungen im Maul und verbessert die Futteraufnahme.

Pflege der Haut und des Fells
Neben dem täglichen Bürsten ist es wichtig, die Haut des Pferdes regelmäßig zu kontrollieren, um eventuelle Hautprobleme frühzeitig zu erkennen.

Schweiß und Schmutz entfernen: Nach dem Reiten sollte der Haflinger gründlich abgerieben werden, um Schweiß und Schmutz zu entfernen.

Besonders nach anstrengenden Trainingseinheiten oder im Sommer, wenn das Pferd stark schwitzt, ist eine gründliche Reinigung notwendig.

Baden in Maßen: Haflinger sollten nur bei Bedarf gebadet werden, da häufiges Waschen die natürliche Schutzschicht der Haut und des Fells beeinträchtigen kann. Ein lauwarmes Bad nach besonders schmutzigen Ausritten oder vor besonderen Anlässen reicht in der Regel aus.

Regelmäßige Bewegung

Neben der körperlichen Pflege ist regelmäßige Bewegung ein wesentlicher Bestandteil der Pferdepflege. Haflinger sind leistungsbereite und aktive Pferde, die ausreichend Bewegung benötigen, um gesund und ausgeglichen zu bleiben.

Tägliche Fellpflege.

„Frage Dich nicht, was Dein Pferd für Dich tun kann,

sondern was Du für Dein Pferd tun kannst!"

Ralf Hein

Ausritte und Training: Tägliche Bewegung durch Ausritte oder Training fördert die Gesundheit und stärkt die Muskulatur. Haflinger sind vielseitig und eignen sich für Reiten, Fahren oder Bodenarbeit, wodurch sie geistig und körperlich gefordert werden.

Weidegang: Regelmäßiger Zugang zur Weide ist wichtig, damit der Haflinger sich frei bewegen und grasen kann. Dies fördert nicht nur die körperliche Fitness, sondern auch das seelische Wohlbefinden des Pferdes.

Gesundheitschecks und tierärztliche Betreuung

Eine gründliche Pflege umfasst auch die regelmäßige Überprüfung der allgemeinen Gesundheit des Pferdes. Haflinger sollten regelmäßig von einem Tierarzt untersucht werden, um Krankheiten frühzeitig zu erkennen.

Impfungen und Wurmkuren: Regelmäßige Impfungen gegen häufige Pferdekrankheiten wie Tetanus, Influenza und Herpes sind wichtig. Zudem sollten Haflinger in regelmäßigen Abständen entwurmt werden, um Parasitenbefall zu verhindern.

Augen- und Ohrenpflege: Auch die Augen und Ohren sollten regelmäßig überprüft und gereinigt werden. Entzündungen, Verletzungen oder ungewöhnliche Absonderungen sollten sofort behandelt werden, um ernsthafte Gesundheitsprobleme zu vermeiden.

Fazit

Die Pflege eines Haflingers erfordert regelmäßige Aufmerksamkeit und Sorgfalt, um seine Gesundheit und sein Wohlbefinden zu gewährleisten.

Vom täglichen Bürsten über die Hufpflege bis hin zur Ernährung und tierärztlichen Betreuung – eine umfassende Pflege stärkt nicht nur die Gesundheit des Pferdes, sondern auch die Bindung zwischen Pferd und Besitzer.

Haflinger sind robust und vielseitig, doch nur mit der richtigen Pflege können sie ihre vollen Fähigkeiten und ihr freundliches, menschenbezogenes Wesen über viele Jahre hinweg bewahren.

STRIEGEL

MÄHNENBÜRSTE

HUFKRATZER

KARDÄTSCHE

WIE BAUE ICH VERTRAUEN AUF ZU MEINEM PFERD?

Das Vertrauen zwischen Mensch und Pferd ist die Grundlage jeder erfolgreichen Beziehung und Zusammenarbeit.

Besonders bei Haflingern, die für ihre Gutmütigkeit, Intelligenz und vielseitige Einsatzbereitschaft bekannt sind, ist der Aufbau von Vertrauen entscheidend, um eine starke und nachhaltige Bindung zu schaffen.

Verstehen der besonderen Charaktereigenschaften eines Haflingers

Haflinger sind eine bemerkenswerte Pferderasse, die durch ihre Intelligenz, Robustheit und ihr freundliches Wesen besticht.

Diese Eigenschaften machen sie zu idealen Partnern, erfordern jedoch auch eine einfühlsame Herangehensweise beim Aufbau und der Pflege von Vertrauen.

Intelligenz:

Haflinger sind kluge Pferde, die schnell lernen. Dies erfordert eine konsequente, aber flexible Herangehensweise im Training. Durch abwechslungsreiche und interessante Übungen lassen sie sich geistig fordern und fördern.

Gutmütigkeit:

Haflinger sind für ihr ruhiges und menschenbezogenes Wesen bekannt. Sie reagieren gut auf eine ruhige, vertrauensvolle Hand, die ihnen Sicherheit bietet. Eine einfühlsame Kommunikation ist der Schlüssel, um das Vertrauen des Haflingers zu gewinnen.

Energie:

Obwohl Haflinger als robuste und ausgeglichene Pferde gelten, benötigen auch sie regelmäßige Bewegung, um körperlich und geistig ausgeglichen zu bleiben. Regelmäßige Beschäftigung und Training sorgen dafür, dass der Haflinger zufrieden und gesund bleibt.

Soziale Interaktion:

Haflinger haben ein ausgeprägtes Bedürfnis nach sozialer Bindung. Sie sind sehr anhänglich und genießen den Kontakt zu ihrem Besitzer sowie zu anderen Pferden. Zeit und Aufmerksamkeit sind notwendig, um eine tiefe Beziehung aufzubauen.

Schritt-für-Schritt-Anleitung zum Aufbau von Vertrauen

Zeit und Geduld investieren:

Vertrauen entsteht nicht von heute auf morgen. Es erfordert regelmäßige, positive Interaktionen, um eine stabile Beziehung aufzubauen.

Nehmen Sie sich täglich Zeit für Ihren Haflinger, um eine verlässliche Routine zu etablieren und das Vertrauen schrittweise zu stärken.

Körpersprache und Kommunikation:

Ruhige Präsenz: Ihr Haflinger reagiert stark auf Ihre Körpersprache. Seien Sie ruhig, selbstbewusst und konsequent in Ihren Bewegungen, um Ihrem Pferd Sicherheit zu vermitteln.

Klarheit:
Geben Sie klare und konsistente Signale, um Missverständnisse zu vermeiden. Haflinger reagieren gut auf klare Anweisungen, da sie ein starkes Bedürfnis nach Struktur und Führung haben.

Geduld:
Lassen Sie Ihrem Haflinger Zeit, auf Ihre Signale zu reagieren. Drängen Sie ihn nicht und vermeiden Sie Hektik, um sein Vertrauen nicht zu erschüttern.

Positive Verstärkung:

Belohnungen:
Nutzen Sie positive Verstärkung in Form von Leckerlis, Lob und Streicheleinheiten. Haflinger reagieren gut auf Belohnungen und lernen schnell durch positive Bestärkung.

Lernen durch Spielen:
Integrieren Sie spielerische Elemente in Ihr Training. Diese fördern nicht nur die geistige Stimulation, sondern stärken auch das Vertrauen und die Beziehung zu Ihrem Haflinger.

Gemeinsame Aktivitäten:

Bodenarbeit:
Bodenarbeit ist eine hervorragende Möglichkeit, das Vertrauen Ihres Haflingers zu gewinnen.
Übungen wie Führtraining, Longieren und Zirkuslektionen helfen, die Kommunikation zwischen Ihnen und Ihrem Pferd zu verbessern und die Bindung zu stärken.

Spaziergänge:
Nehmen Sie Ihren Haflinger regelmäßig auf Spaziergänge mit. Dies hilft ihm, verschiedene Umgebungen kennenzulernen und das Vertrauen in Ihre Führung zu festigen.

Respekt und Führung:

Führungsrolle übernehmen:
Haflinger sind Herdentiere und suchen nach einer klaren Führung. Übernehmen Sie die Rolle des verlässlichen Anführers, auf den sich Ihr Pferd verlassen kann. Ein Haflinger fühlt sich sicherer, wenn er weiß, dass er auf seine Bezugsperson zählen kann.

Respektieren Sie die Grenzen Ihres Pferdes: Zwingen Sie Ihren Haflinger nicht zu Dingen, vor denen er Angst hat. Gehen Sie behutsam mit seinen Ängsten um und arbeiten Sie geduldig daran, ihm Sicherheit zu geben.

Regelmäßige Pflege und Kontakt:

Pflegezeit: Nutzen Sie die Pflege als Gelegenheit, eine Bindung zu Ihrem Haflinger aufzubauen. Diese ruhigen, entspannten Momente helfen Ihrem Pferd, sich an Ihre Berührungen zu gewöhnen und stärken das Vertrauen.

Gesundheitsvorsorge: Indem Sie regelmäßig für das Wohlbefinden Ihres Haflingers sorgen – durch tierärztliche Untersuchungen und gute Pflege – zeigen Sie ihm, dass er Ihnen vertrauen kann.

Vermeiden Sie negative Erfahrungen:

Geduld bei Schwierigkeiten: Wenn Ihr Haflinger Schwierigkeiten hat, vermeiden Sie Bestrafungen. Arbeiten Sie stattdessen daran, das Problem positiv zu lösen und dem Pferd die nötige Sicherheit zu geben.

Stress reduzieren: Ein ruhiges, stabiles Umfeld ist wichtig für das Wohlbefinden und Vertrauen Ihres Haflingers. Vermeiden Sie stressige Situationen, die ihn verunsichern könnten.

Besondere Überlegungen für Haflinger

Energieausgleich:
Haflinger benötigen ausreichend Bewegung, um ausgeglichen zu bleiben. Stellen Sie sicher, dass Ihr Haflinger regelmäßig körperlich und geistig gefordert wird, um Langeweile und Verhaltensprobleme zu vermeiden.

Einfühlsame Herangehensweise:
Obwohl Haflinger im Allgemeinen ausgeglichen sind, können sie sensibel auf die Stimmung und das Verhalten ihres Besitzers reagieren.

Eine ruhige und einfühlsame Herangehensweise ist der Schlüssel, um das Vertrauen dieser gutmütigen Pferde zu gewinnen.

Geduld bei neuen Situationen:

Haflinger sind neugierig und aufgeschlossen, können aber manchmal zögerlich auf neue Umgebungen oder Aufgaben reagieren.

Geben Sie Ihrem Pferd Zeit, sich an neue Situationen zu gewöhnen, und führen Sie es behutsam an neue Herausforderungen heran.

Der Aufbau von Vertrauen zu einem Haflinger erfordert Zeit, Geduld und eine klare, positive Kommunikation.

Indem Sie die charakteristischen Eigenschaften dieser freundlichen und intelligenten Rasse berücksichtigen und sich auf einfühlsame und beständige Interaktionen konzentrieren, können Sie eine starke und vertrauensvolle Beziehung zu Ihrem Haflinger entwickeln.

Diese Verbindung wird nicht nur Ihre gemeinsame Zeit bereichern, sondern auch die Grundlage für ein harmonisches und erfolgreiches Miteinander schaffen.

TRAINING UND ERZIEHUNG

Der Haflinger: Intelligenz, Gutmütigkeit und vielseitige Einsatzmöglichkeiten

Der Haflinger ist bekannt für seine Intelligenz, sein freundliches Wesen und seine robuste, aber elegante Erscheinung.

Diese Eigenschaften machen ihn zu einem hervorragenden Partner für verschiedene Reitdisziplinen und Freizeitaktivitäten, erfordern jedoch eine durchdachte Herangehensweise in der Erziehung und im Training.

Das Training eines Haflingers sollte sorgfältig geplant werden, um seine natürlichen Fähigkeiten zu fördern und gleichzeitig eine vertrauensvolle Beziehung zwischen Pferd und Reiter aufzubauen.

Grundlegende Trainingsprinzipien für Haflinger

Konsistenz und Geduld:
Haflinger sind sehr lernfreudig und nehmen sowohl gute als auch schlechte
Verhaltensweisen schnell auf. Ein konsequentes Training ist entscheidend, um
sicherzustellen, dass das Pferd klare Signale erhält und weiß, was von ihm er-
wartet wird. Geduld ist ebenfalls wichtig, da überstürztes oder inkonsistentes
Training den Haflinger verwirren und den Lernprozess behindern kann.

Positive Verstärkung:
Haflinger reagieren besonders gut auf positive Verstärkung wie Lob, Streicheleinheiten und gelegentliche Leckerlis. Diese Methoden stärken die Bindung zwischen Mensch und Pferd und motivieren den Haflinger, mit Freude
und Engagement am Training teilzunehmen. Negative Verstärkung sollte
minimiert werden, um das Vertrauen nicht zu gefährden.

Individualisierte Ansätze:
Jeder Haflinger hat seine eigenen Stärken und Schwächen, daher sollte das
Training individuell angepasst werden. Einige Pferde lernen schneller durch
visuelle Signale, während andere besser auf körperliche oder auditive Hinwei-
se reagieren. Ein flexibler Trainingsansatz ermöglicht es, das volle Potenzial
des Pferdes auszuschöpfen.

Frühe Sozialisierung:
Haflinger profitieren von einer frühen Sozialisierung, bei der sie an verschiedene Umgebungen, Geräusche und Situationen gewöhnt werden.

Diese Erfahrungen helfen dem Pferd, selbstbewusst und zuverlässig zu werden und sich an verschiedene Reitsituationen anzupassen.

**Aufbau einer vertrauensvollen Beziehung durch Bodenarbeit und
erste Reitübungen**

Bodenarbeit:
Eine solide Beziehung zwischen Mensch und Haflinger beginnt oft mit Bodenarbeit. Übungen wie Führen, Longieren und Desensibilisierungsarbeit helfen
dem Haflinger, Vertrauen in seinen Menschen zu fassen und grundlegende
Kommandos zu erlernen.

Diese Aktivitäten fördern die Kommunikation und verbessern die Körpersprache zwischen Pferd und Reiter, was zu einer stärkeren Bindung führt.

Erste Reitübungen:

Sobald durch die Bodenarbeit eine vertrauensvolle Basis geschaffen wurde, können die ersten Reitübungen beginnen. Diese sollten schrittweise und mit klaren, einfachen Anweisungen durchgeführt werden. Zu den ersten Lektionen gehören grundlegende Techniken wie Anhalten, Lenken und Rückwärtsrichten, bevor komplexere Manöver eingeführt werden.

Schaffung einer Routine

Haflinger profitieren von einer regelmäßigen Routine, die ihnen Sicherheit und Struktur bietet. Regelmäßige Trainingszeiten helfen dem Pferd, zu verstehen, was von ihm erwartet wird, und reduzieren Stress. Die Trainingseinheiten sollten dabei kontinuierlich in Dauer und Intensität gesteigert werden, um das Pferd körperlich und geistig zu fördern, ohne es zu überfordern.

Respekt und Vertrauen

Der Schlüssel zu einer erfolgreichen Beziehung und einem effektiven Training liegt im gegenseitigen Respekt und Vertrauen. Trainer und Reiter sollten dem Haflinger immer mit Ruhe, Geduld und Respekt begegnen. Eine entspannte und sichere Umgebung ermöglicht es dem Pferd, Vertrauen aufzubauen und sein Potenzial voll zu entfalten.

Fazit

Die Erziehung und das Training eines Haflingers können eine äußerst lohnende Erfahrung sein, die zu einer tiefen und langanhaltenden Bindung führt. Durch konsequentes und respektvolles Training sowie den Aufbau einer vertrauensvollen Beziehung kann der Haflinger in zahlreichen Disziplinen und Aktivitäten zu einem zuverlässigen und leistungsstarken Partner werden.

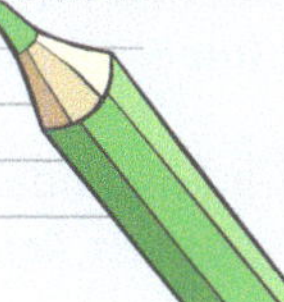

Gegenseitiger Respekt ist wichtig!

„Ein guter Umgang mit dem Pferd ist die Voraussetzung für gutes Reiten."

-Verfasser unbekannt-

REITSTILE UND DISZIPLINEN FÜR HAFLINGER

Der Haflinger ist aufgrund seiner vielseitigen Eigenschaften eine herausragende Pferderasse, die in vielen Reitstilen und Disziplinen erfolgreich eingesetzt wird.

Seine robuste Statur, sein freundliches Wesen und seine Lernbereitschaft machen ihn sowohl im Freizeitsport als auch in wettkampforientierten Disziplinen zu einem zuverlässigen Partner.

Im Folgenden werden die verschiedenen Reitstile und Disziplinen beleuchtet, in denen der Haflinger seine Fähigkeiten unter Beweis stellen kann.

Freizeit- und Wanderreiten

Eine der beliebtesten Einsatzmöglichkeiten des Haflingers ist das Freizeit- und Wanderreiten. Dank seiner Trittsicherheit und Ausdauer eignet sich der Haflinger hervorragend für lange Ausritte in unwegsamem Gelände.

Besonders in den Alpenregionen, wo die Rasse ihren Ursprung hat, sind Haflinger als verlässliche Partner auf Wander- und Bergtouren bekannt.

Trittsicherheit:

Durch seine Herkunft aus den bergigen Regionen Tirols ist der Haflinger ein sicherer und ausdauernder Begleiter im Gelände. Er meistert auch schwierige Wege und unebenes Terrain souverän.

Kondition und Ausdauer:

Der Haflinger besitzt eine natürliche Ausdauer, die ihn für längere Touren ideal macht. Dabei bleibt er auch bei mehrstündigen Ritten aufmerksam und motiviert.

Dressur

Obwohl der Haflinger nicht die Eleganz eines Warmbluts besitzt, kann er in der Dressur-Disziplin aufgrund seiner Lernfreudigkeit und Geschmeidigkeit überzeugen.

Viele Haflinger sind in der Lage, Lektionen der unteren und mittleren Dressurklassen zu erlernen und auf Turnieren erfolgreich zu absolvieren.

Geschmeidigkeit und Rhythmus:

Haflinger haben einen ausgeglichenen Bewegungsablauf, der ihnen hilft, harmonisch durch die verschiedenen Dressurlektionen zu gehen.

Lernfreudigkeit:

Ihr intelligentes und konzentriertes Wesen macht sie zu aufmerksamen Schülern, die schnell neue Lektionen lernen und mit ihrem Reiter zusammenarbeiten.

Springreiten

Auch im Springreiten zeigen sich Haflinger als talentierte und mutige Pferde. Zwar gehören sie nicht zu den klassischen Springpferderassen, doch ihre Kraft und Beweglichkeit ermöglichen ihnen, kleinere und mittlere Hindernisse mit Leichtigkeit zu überwinden.

Kraft und Geschick:

Dank ihrer kräftigen Hinterhand und ihrer stabilen Statur können Haflinger in den unteren Springklassen solide Leistungen erbringen.

Mut und Zuverlässigkeit:

Haflinger sind mutige Pferde, die auch vor neuen Herausforderungen im Parcours nicht zurückschrecken. Sie behalten ihre Ruhe und Konzentration, was sie zu einem verlässlichen Partner im Springreiten macht.

Vielseitigkeit (Eventing)

Für diejenigen, die eine Kombination aus Dressur, Springreiten und Geländeritten suchen, ist Vielseitigkeit (Eventing) eine spannende Disziplin. Auch hier kann der Haflinger seine Vielseitigkeit und Ausdauer unter Beweis stellen.

Geländestrecken:

Die natürlichen Fähigkeiten des Haflingers im Gelände kommen besonders in der Geländestrecke der Vielseitigkeit zum Tragen. Seine Trittsicherheit und Ausdauer machen ihn zu einem sicheren Partner im Gelände.

Dressur und Springen:

Auch in den Disziplinen Dressur und Springen kann der Haflinger in der Vielseitigkeit überzeugen, da er vielseitig ausgebildet ist und in verschiedenen Bereichen Leistung erbringen kann.

Fahren

Eine der traditionellen Einsatzgebiete des Haflingers ist das Fahren. Ursprünglich als Arbeitspferd zum Ziehen von Lasten eingesetzt, hat sich der Haflinger heute zu einem beliebten Wagen- und Kutschpferd entwickelt.

Springreiten!

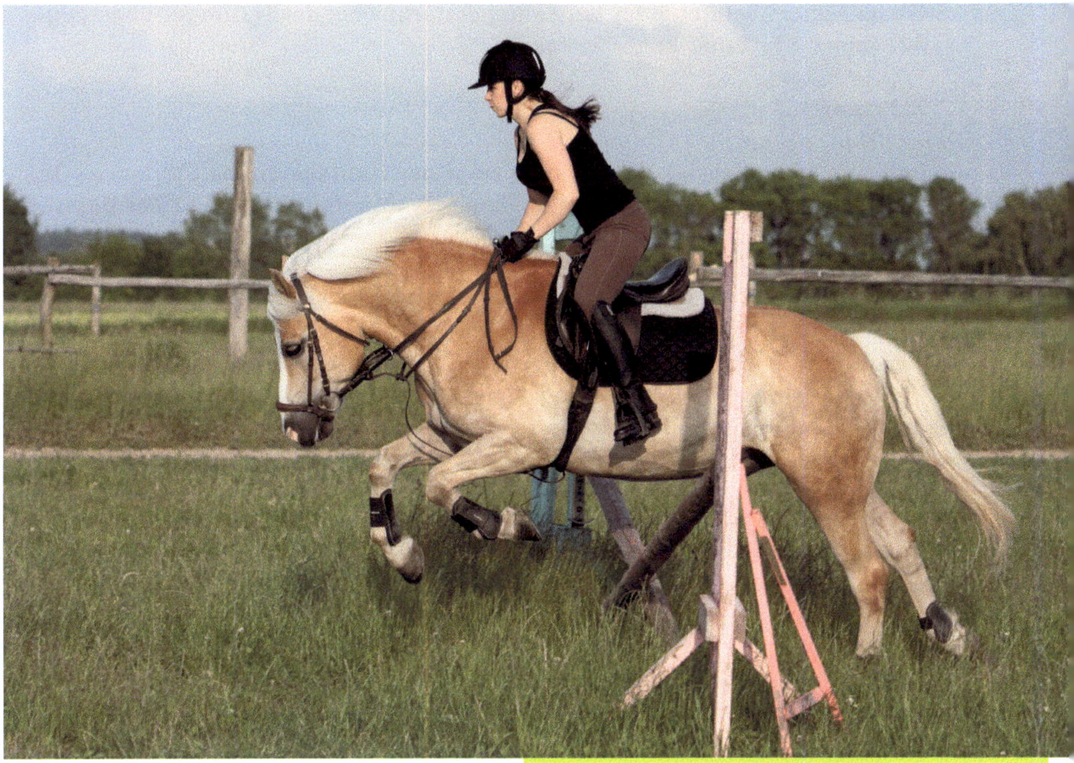

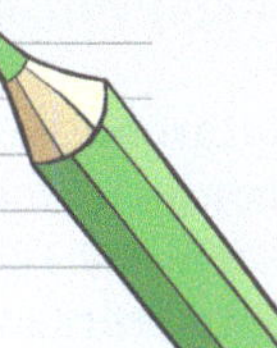

„Der Weg ist das Ziel – im Leben wie im Umgang mit Pferden.“

-Verfasser unbekannt-

Ob im Freizeitbereich oder bei Fahrsportturnieren, der Haflinger überzeugt mit seiner Kraft und Zuverlässigkeit.

Fahrsport:

Im sportlichen Bereich des Fahrens zeigt der Haflinger seine Stärken in Disziplinen wie dem Hindernisfahren, dem Marathonfahren oder in der Dressurprüfung vor dem Wagen.

Freizeitfahren:

Der Haflinger eignet sich auch perfekt für gemütliche Ausfahrten mit der Kutsche. Seine Gutmütigkeit und Zuverlässigkeit machen ihn zu einem idealen Kutschpferd für Familienausflüge.

Westernreiten

Auf den ersten Blick mag der Haflinger nicht als typisches Westernpferd erscheinen, doch seine Vielseitigkeit ermöglicht es ihm, auch in der Westernreitweise zu glänzen.

In Disziplinen wie Trail, Western Horsemanship und Pleasure kann der Haflinger seine Fähigkeiten zeigen.

Trail:

Haflinger eignen sich gut für den Trail, bei dem sie Hindernisse wie Brücken, Tore oder Stangen bewältigen müssen. Ihre ruhige Art und Trittsicherheit machen sie zu idealen Pferden für diese Disziplin.

Western Pleasure und Horsemanship:

Dank ihres ausgeglichenen Charakters und ihres fließenden Bewegungsablaufs eignen sich Haflinger auch für Western Pleasure, wo sie durch ihr ruhiges und stetiges Tempo überzeugen.

Therapeutisches Reiten

Aufgrund ihres freundlichen und ruhigen Wesens sind Haflinger auch im therapeutischen Reiten äußerst beliebt. Ihre geduldige und ausgeglichene Art macht sie zu idealen Begleitern für Menschen, die körperliche oder geistige Unterstützung benötigen.

Geduld und Sanftmut:

Haflinger sind sehr gutmütige Pferde, die geduldig auf ihre Reiter eingehen. Sie eignen sich besonders gut für Kinder oder Menschen mit besonderen Bedürfnissen.

Stabilität und Sicherheit: Mit ihrem kompakten und stabilen Körperbau bieten Haflinger den Reitern Sicherheit und Stabilität, was im therapeutischen Reiten besonders wichtig ist.

Hobby- und Zirkuslektionen

Viele Haflinger haben Freude an kreativen Aufgaben und lassen sich gut für Hobby- und Zirkuslektionen begeistern. Durch ihre Intelligenz und Lernfreude können sie Tricks und Kunststücke erlernen, die sowohl für den Reiter als auch für das Pferd eine willkommene Abwechslung zum klassischen Training darstellen.

Tricks und Kunststücke:

Haflinger lernen schnell, wie sie auf Kommandos reagieren und Tricks wie das Verbeugen, Apportieren oder das Steigen ausführen.

Abwechslung im Training:

Diese Art des Trainings stärkt die Bindung zwischen Reiter und Pferd und bietet dem Haflinger eine spannende geistige Herausforderung.

Fazit

Der Haflinger ist eine unglaublich vielseitige Pferderasse, die in zahlreichen Reitstilen und Disziplinen erfolgreich sein kann.

Ob im Gelände, auf dem Dressurplatz, im Springparcours oder beim Fahren – der Haflinger überzeugt durch seine Kraft, Trittsicherheit und sein freundliches Wesen. Diese Vielseitigkeit macht ihn sowohl für Freizeitreiter als auch für sportlich ambitionierte Reiter zu einem idealen Partner.

Dank seiner robusten Natur und seiner Fähigkeit, sich an verschiedene Anforderungen anzupassen, bleibt der Haflinger auch über viele Jahre ein verlässlicher und vielseitiger Begleiter im Reitsport.

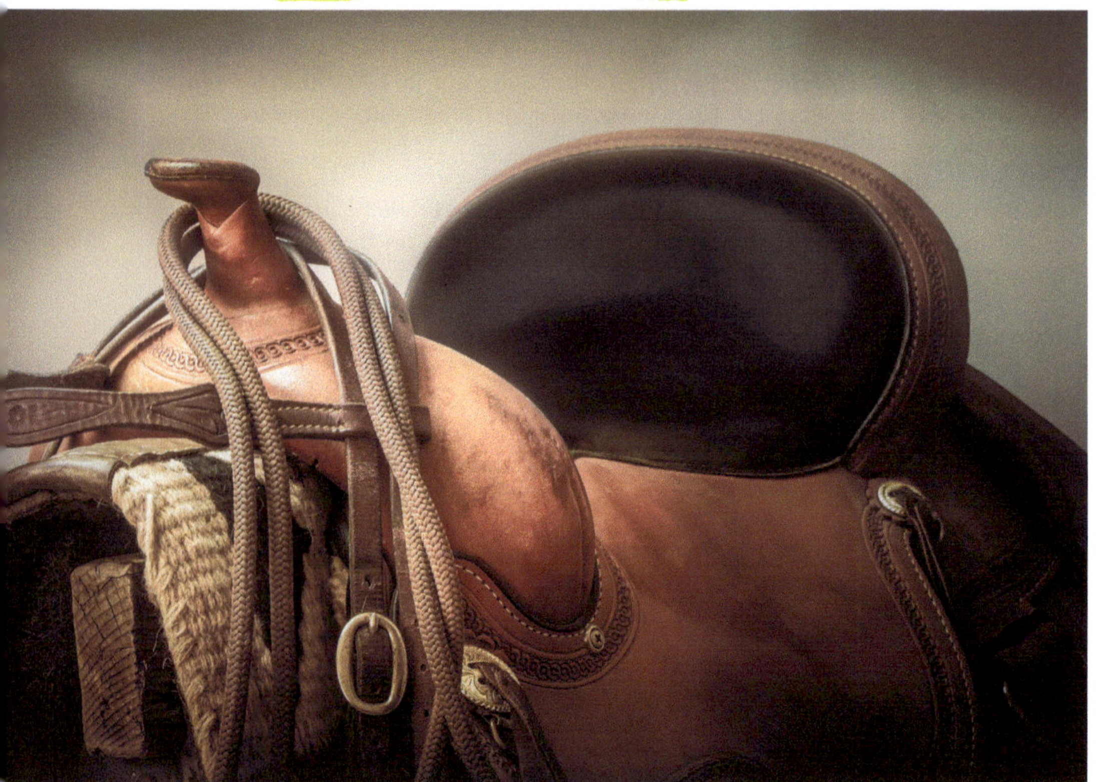

AUSRÜSTUNG UND ZUBEHÖR

Für jeden Reiter, unabhängig von der Reitdisziplin, ist die richtige Ausrüstung entscheidend, um sowohl die Sicherheit als auch den Komfort von Pferd und Reiter zu gewährleisten.

Grundlegende Ausrüstung

Sattel:
Der Sattel ist eines der wichtigsten Ausrüstungsgegenstände, da er direkten Einfluss auf den Komfort und die Gesundheit des Pferdes hat. Besonders bei Haflingern ist es wichtig, einen gut passenden Sattel zu wählen, da sie aufgrund ihres kräftigen, runden Körperbaus oft spezielle Anpassungen benötigen.

Passform:
Haflinger haben oft einen kurzen und breiten Rücken, daher ist es wichtig,
einen Sattel zu wählen, der nicht zu lang ist und gut aufliegt, ohne Druckstellen zu verursachen.
Englische Sättel eignen sich gut für Disziplinen wie Dressur oder Springreiten. Sie bieten einen engen Kontakt zum Pferd und ermöglichen präzise
Hilfen.
Westernsättel bieten eine größere Sitzfläche und bessere Gewichtsverteilung,
was sie ideal für längere Ausritte oder Westernreitdisziplinen macht. Für Haflinger sind sie oft eine gute Wahl, da sie den breiten Rücken gut abdecken.

Es ist ratsam, professionelle Beratung in Anspruch zu nehmen und den Sattel
individuell an den Haflinger anpassen zu lassen, um sicherzustellen, dass er
optimal sitzt.

Zaumzeug:
Das Zaumzeug muss gut sitzen, um Komfort und Kontrolle zu gewährleisten.
Ein schlecht sitzendes Zaumzeug kann zu Scheuerstellen und Druckpunkten
führen, die das Wohlbefinden des Haflingers beeinträchtigen.

Englisches Zaumzeug wird oft für Disziplinen wie Dressur und Springen verwendet. Es kann mit einfachem oder doppelt gebrochenem Gebiss ausgestat-
tet werden, je nach Ausbildungsstand des Pferdes.
Westernzaumzeug ist meist schlichter und oft ohne Nasenriemen. Diese Art
von Zaumzeug eignet sich besonders für den Freizeitreiter oder Westernreiter.

Wichtig ist, dass das Zaumzeug aus hochwertigem Material wie Leder ge-
fertigt und regelmäßig gepflegt wird, um eine lange Lebensdauer und den
Komfort des Pferdes zu gewährleisten.

Schutzkleidung für den Reiter:
Für den Reiter ist die richtige Schutzkleidung essenziell, um Verletzungen
vorzubeugen.

Besonders wichtig sind:

Reithelme: Sie sollten aktuellen Sicherheitsstandards entsprechen und richtig
sitzen, um den Kopf des Reiters bei einem Sturz zu schützen.
Sicherheitswesten sind besonders im Gelände und beim Springen sinnvoll, um
den Oberkörper bei Unfällen zu schützen.
Reitstiefel: Robuste und bequeme Stiefel sorgen für einen sicheren Halt im
Steigbügel und schützen den Fuß.

Spezialausrüstung für verschiedene Reitdisziplinen
Distanzreiten:

Haflinger sind aufgrund ihrer Ausdauer und Trittsicherheit auch für Distanz-
ritte geeignet. Für lange Strecken benötigt man spezielle Ausrüstungsgegenstände, um den Komfort für Pferd und Reiter zu maximieren:

Leichte Distanzsättel, die optimal das Gewicht verteilen und dabei helfen,
Druckstellen zu vermeiden.
Trinksysteme für Pferd und Reiter, um sicherzustellen, dass beide auf langen
Strecken ausreichend hydriert bleiben.
Pulsmesser und GPS-Systeme, um die Leistung und den Gesundheitszustand
des Pferdes während des Ritts zu überwachen.

Dressur:
Haflinger können auch in der Dressur erfolgreich eingesetzt werden, insbe-
sondere in den unteren und mittleren Klassen. Spezielle Ausrüstung unter-
stützt dabei die Präzision und Kommunikation zwischen Reiter und Pferd:
Dressursättel bieten eine tiefere Sitzposition, die die korrekte Haltung des
Reiters unterstützt und die feine Hilfengebung erleichtert.
Dressurgerten und Sporen können als Hilfsmittel eingesetzt werden, um die
Hilfen des Reiters zu verfeinern.
Dressurzäume mit speziellen Reithalftern sorgen dafür, dass der Haflinger
während der Dressurarbeit im Viereck komfortabel und korrekt gearbeitet
werden kann.

Freizeitreiten:
Im Freizeitreiten steht der Komfort sowohl für Pferd als auch für Reiter im
Vordergrund. Haflinger sind beliebte Freizeitpferde, daher ist einfache, aber
hochwertige Ausrüstung wichtig.
Allzwecksättel: Diese Sättel sind vielseitig und eignen sich für verschiedene
Aktivitäten, vom Dressurtraining bis zum gemütlichen Ausritt im Gelände.
Wetterfeste Kleidung: Besonders für Ausritte bei unterschiedlichen Wetter-
bedingungen ist wetterfeste und strapazierfähige Kleidung für den Reiter
wichtig, um trocken und warm zu bleiben.

Die Bedeutung der richtigen Ausrüstung

Die korrekte Ausrüstung spielt eine entscheidende Rolle für die Sicherheit
und Effektivität des Reitens und sollte stets sorgfältig ausgewählt und an den
Haflinger angepasst werden.

Halfter.

Ein gut sitzender Sattel und passendes Zaumzeug tragen maßgeblich zur Gesundheit und dem Wohlbefinden des Pferdes bei. Regelmäßige Kontrolle und Pflege der Ausrüstung sind essenziell, um sicherzustellen, dass sie in gutem Zustand bleibt und ihre Funktion erfüllt.

Investitionen in hochwertige Ausrüstung sind nicht nur eine Investition in die Gesundheit des Haflingers, sondern verbessern auch die Reiterfahrung und Leistung in jeglicher Disziplin. Mit der richtigen Ausrüstung und einem durchdachten Ansatz können Haflinger in vielen Bereichen des Reitsports glänzen und sowohl dem Reiter als auch dem Pferd langanhaltende Freude bereiten.

FLIEGENSCHUTZ SELBER MACHEN

Fliegen und andere Insekten können für Pferde sehr lästig sein, insbesondere um Gesicht und Augen.
Ein effektiver Fliegenschutz, der am Halfter befestigt wird, kann erheblich zur Linderung dieser Plage beitragen.
Anstatt auf kommerzielle Produkte zurückzugreifen, können Sie einen solchen Fliegenschutz ganz einfach selber machen.

Materialien

Für den selbstgemachten Fliegenschutz benötigen Sie folgende Materialien:

Feste Baumwollkordel oder Paracord: Für die Herstellung der einzelnen Fransen, die die Fliegen abhalten.

Klettverschluss: Zum Befestigen des Fliegenschutzes am Halfter.

Nähutensilien: Nadel und Faden oder eine Nähmaschine, um den Klettverschluss an den Kordeln zu befestigen.

Schere: Zum Schneiden der Kordeln.

Maßband oder Lineal: Zum Abmessen der Kordeln.

Optional: Perlen oder reflektierende Elemente: Zur Dekoration und für zusätzliche Sichtbarkeit.

Schritt-für-Schritt-Anleitung
1. Vorbereitung der Materialien

Schneiden Sie die Baumwollkordel oder das Paracord in gleich lange Stücke. Eine Länge von etwa 30-40 cm pro Kordel ist ideal, aber Sie können die Länge je nach Bedarf anpassen.
Bereiten Sie den Klettverschluss vor, indem Sie zwei Streifen zuschneiden. Die Länge sollte der Breite des Nasenriemens des Halfters entsprechen, normalerweise etwa 10-15 cm.

2. Befestigen der Kordeln

Legen Sie die geschnittenen Kordeln nebeneinander auf eine gerade Fläche. Nähen Sie eine Seite des Klettverschlusses auf die Oberseite der Kordeln. Achten Sie darauf, dass die Kordeln gleichmäßig verteilt sind und gut befestigt werden. Dies kann entweder per Hand oder mit einer Nähmaschine erfolgen.

3. Anbringen des Klettverschlusses

Nähen Sie die andere Seite des Klettverschlusses an den Nasenriemen des Halfters. Achten Sie darauf, dass der Klettverschluss sicher befestigt ist und das Gewicht der Kordeln tragen kann.
Testen Sie den Verschluss, um sicherzustellen, dass er fest sitzt und sich leicht öffnen und schließen lässt.

4. Dekorative Elemente hinzufügen (optional)

Wenn Sie möchten, können Sie Perlen oder reflektierende Elemente an den Enden der Kordeln befestigen. Dies kann zusätzlichen Schutz bieten und die

Sichtbarkeit des Pferdes erhöhen, besonders in der Dämmerung.

5. Anbringen des Fliegenschutzes am Halfter

Befestigen Sie den fertigen Fliegenschutz am Nasenriemen des Halfters, indem Sie den Klettverschluss schließen.
Stellen Sie sicher, dass die Kordeln gleichmäßig um die Nase des Pferdes fallen und ausreichend Bewegungsfreiheit bieten, ohne das Pferd zu stören.
Pflege und Wartung

Regelmäßige Kontrolle:

Überprüfen Sie den Fliegenschutz regelmäßig auf Abnutzung und stellen Sie sicher, dass alle Kordeln fest befestigt sind.

Reinigung:

Reinigen Sie den Fliegenschutz regelmäßig, um Schmutz und Schweiß zu entfernen. Handwäsche mit milder Seife und Wasser ist in der Regel ausreichend.

Lagerung: Bewahren Sie den Fliegenschutz an einem trockenen, sauberen Ort auf, wenn er nicht in Gebrauch ist.

Vorteile des selbstgemachten Fliegenschutzes

Kostengünstig: Die Materialien sind preiswert und leicht zu beschaffen.

Anpassbar: Sie können Länge und Anzahl der Kordeln sowie dekorative Elemente nach Ihren Wünschen anpassen.

Nachhaltig: Durch die Verwendung umweltfreundlicher Materialien und die Vermeidung von Einwegprodukten tragen Sie zur Nachhaltigkeit bei.

Individuell: Ein selbstgemachter Fliegenschutz kann genau an die Bedürfnisse Ihres Pferdes angepasst werden und bietet eine persönliche Note.

Fazit

Ein selbstgemachter Fliegenschutz für das Halfter Ihres Pferdes ist eine praktische und effektive Lösung, um Fliegen und andere Insekten fernzuhalten. Mit einfachen Materialien und ein wenig handwerklichem Geschick können Sie einen maßgeschneiderten Schutz herstellen, der nicht nur funktional, sondern auch ansprechend ist.

Indem Sie den Fliegenschutz regelmäßig überprüfen und pflegen, stellen Sie sicher, dass Ihr Pferd den ganzen Sommer über komfortabel und geschützt ist.

Pferdefliegen und Bremsen sind häufige Plagegeister für Pferde, insbesondere in den warmen Sommermonaten.

Diese Insekten sind nicht nur lästig, sondern können auch gesundheitliche Probleme verursachen. Pferdefliegen, auch bekannt als Pferdebremsen, sind große, fliegende Insekten, die schmerzhafte Bisse verursachen, da sie sich von Blut ernähren. Ihre Bisse können zu Reizungen, Hautinfektionen und in einigen Fällen auch zu allergischen Reaktionen führen.

Bremsen sind besonders an warmen, sonnigen Tagen aktiv und bevorzugen es, sich an feuchten Orten wie nahe gelegenen Wasserstellen aufzuhalten. Sie werden durch Bewegung, Wärme und den Geruch von Schweiß angezogen, was Pferde zu idealen Zielen macht.

Schutzmaßnahmen:

Fliegendecken und Masken: Diese bieten einen physischen Schutz vor Insekten und sind besonders effektiv, um den empfindlichen Kopf- und Halsbereich zu schützen.

Fliegensprays: Regelmäßiges Auftragen von Insektenschutzmitteln kann helfen, Pferdefliegen und Bremsen fernzuhalten. Natürliche und chemische Sprays stehen zur Auswahl.

Stallhygiene: Eine saubere Umgebung, frei von stehenden Gewässern und Mist, reduziert die Anziehungskraft für Insekten.

Insektenschutz im Stall: Netzvorhänge und Insektenschutzmittel für Ställe können die Anzahl der Insekten in der Umgebung verringern.

Indem Sie diese Maßnahmen ergreifen, können Sie den Komfort und das Wohlbefinden Ihres Pferdes erheblich verbessern und es vor den lästigen und potenziell schädlichen Bissen von Pferdefliegen und Bremsen schützen.

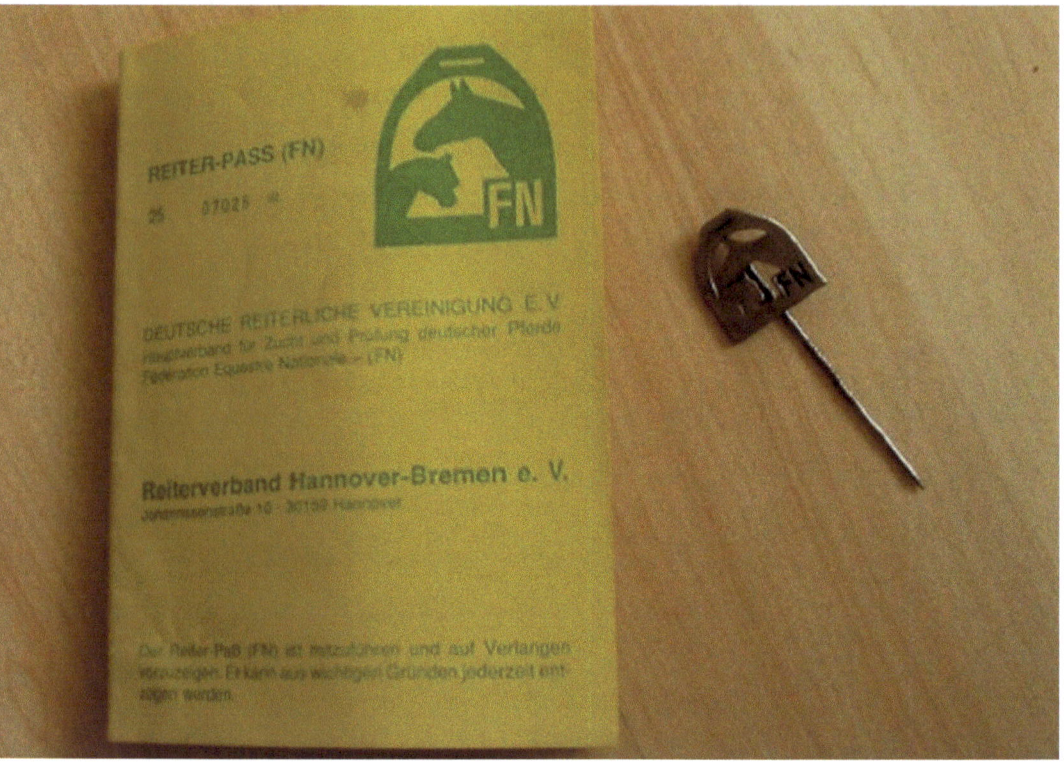

DER REITERPASS

Der Reiterpass, ein offizieller Nachweis reiterlicher Fähigkeiten, ist in vielen Ländern ein bekanntes und anerkanntes Zertifikat, das von Reitverbänden ausgestellt wird.

Er dient dazu, das Grundwissen und die Grundfertigkeiten im Umgang mit Pferden sowie das sichere Reiten in verschiedenen Situationen zu bescheinigen.

Die Entscheidung, ob man einen Reiterpass erwerben sollte oder nicht, hängt von verschiedenen Faktoren ab, einschließlich der persönlichen Reitambitionen, der Anforderungen des jeweiligen Reitclubs oder Verbandes und der allgemeinen Sicherheitsstandards.

Im Folgenden werden einige Argumente für und gegen den Erwerb eines

Reiterpasses erörtert.

Vorteile des Reiterpasses

Sicherheitsbewusstsein:

Der Reiterpass legt einen starken Fokus auf Sicherheit beim Reiten und im Umgang mit Pferden. Die Ausbildung für den Reiterpass umfasst in der Regel Themen wie das korrekte Führen, Satteln und Trensen sowie sicheres Reiten in der Halle, auf dem Platz und im Gelände.

Dieses Wissen kann entscheidend sein, um Unfälle zu vermeiden und das Wohlbefinden von Reiter und Pferd zu gewährleisten.

Fundierte Grundausbildung:

Durch die Vorbereitung auf den Reiterpass erhalten Reiter eine umfassende Grundausbildung in verschiedenen Aspekten des Reitsports.

Dazu gehören unter anderem die korrekte Reitweise, die Pflege des Pferdes und die Kenntnis von Gangarten und Hufschlagfiguren.

Diese fundierte Ausbildung kann die Reittechnik verbessern und das Verständnis und die Kommunikation zwischen Pferd und Reiter fördern.

Zugang zu Wettbewerben und Veranstaltungen:

In vielen Fällen ist der Reiterpass eine Voraussetzung für die Teilnahme an Turnieren und anderen reitsportlichen Veranstaltungen.

Der Pass kann somit Türen zu neuen Herausforderungen und Erfahrungen im Reitsport öffnen.

Persönliche Bestätigung und Motivation:

Das Bestehen der Prüfung zum Reiterpass kann ein wichtiger Meilenstein in der Reitkarriere sein und als persönliche Bestätigung der eigenen Fähigkeiten dienen.

Es kann auch ein motivierender Faktor sein, sich weiterzubilden und höhere Qualifikationen wie den Reiternadel oder das Reitabzeichen anzustreben.

Nachteile des Reiterpasses

Kosten und Zeitaufwand:

Die Vorbereitung auf den Reiterpass kann sowohl zeit- als auch kostenintensiv sein.

Kurse, Prüfungsgebühren und eventuell zusätzliche Trainingsstunden können eine erhebliche finanzielle Belastung darstellen.

Stress und Druck:

Die Prüfungssituation kann für einige Reiter Stress und Druck bedeuten, besonders wenn sie Prüfungsangst haben oder sich unsicher fühlen.

Dies kann das Erlebnis weniger erfreulich machen und im schlimmsten Fall sogar die Freude am Reiten mindern.

Mögliche Einschränkung der Vielseitigkeit:

Während der Fokus auf bestimmte Lehrinhalte für die Prüfung wichtig ist, kann er manchmal dazu führen, dass andere, ebenfalls wertvolle Fähigkeiten und Kenntnisse vernachlässigt werden.

Einige Reiter könnten sich zu sehr auf das Bestehen der Prüfung konzentrieren, statt ihre Fähigkeiten umfassend zu entwickeln.

Ob ein Reiterpass erstrebenswert ist oder nicht, hängt letztlich von den individuellen Zielen und Umständen des Reiters ab.

Für diejenigen, die eine solide Grundausbildung anstreben, Zugang zu Turnieren suchen oder einfach ihre Fähigkeiten offiziell bestätigen lassen möchten, kann der Reiterpass eine wertvolle Investition sein.

Für Freizeitreiter, die weniger Wert auf formale Qualifikationen legen oder denen die Kosten und der Aufwand zu hoch sind, mag der Reiterpass weniger relevant sein. In jedem Fall ist es wichtig, dass die Entscheidung wohlüberlegt ist und die Freude am Reiten und der Umgang mit dem Pferd im Vordergrund stehen.

FORTGESCHRITTENE REITTECHNIKEN

Fortgeschrittene Reittechniken und spezialisierte Trainingsansätze können dazu beitragen, die Fähigkeiten und das Verständnis sowohl des Reiters als auch des Pferdes zu vertiefen.

Diese Techniken sind nicht nur darauf ausgerichtet, die Leistung in Wettbewerben zu verbessern, sondern auch das Reiterlebnis im Allgemeinen zu bereichern und sicherer zu machen.

Zudem bieten sie Möglichkeiten, die Kommunikation und das Vertrauen zwischen Reiter und Pferd zu stärken.

Vertiefung in speziellere Reittechniken und Trainingsansätze

Lektionen der höheren Dressur:

Piaffe und Passage:

Diese anspruchsvollen Dressurlektionen erfordern ein hohes Maß an Kontrolle, Gleichgewicht und feiner Kommunikation zwischen Reiter und Pferd.

Sie helfen, die Tragkraft und die Versammlung des Pferdes zu verbessern.

Fliegende Wechsel:

Diese Technik, bei der das Pferd im Galopp die Richtung und damit das führende Bein wechselt, ist grundlegend für fortgeschrittene Dressur und Springreiten.

Die korrekte Ausführung erfordert präzise Timing und klare Hilfen.

Verfeinerte Hilfengebung:

Die Verfeinerung der Hilfen, einschließlich Gewichts-, Schenkel- und Zügelhilfen, ist entscheidend, um eine präzisere Kommunikation mit dem Pferd zu erreichen.

Fortgeschrittene Reiter arbeiten daran, ihre Hilfen so unauffällig und effektiv wie möglich zu gestalten.

Springtechniken:

Ansatz und Absprung:

Erfahrene Springreiter fokussieren sich auf die Optimierung des Ansatzes zu einem Hindernis und das Timing des Absprungs, um die Belastung für das Pferd zu minimieren und die Erfolgsquote zu erhöhen.

Rückwärtsrichten und Seitengänge:

Diese Techniken sind nicht nur in der Dressur, sondern auch für Springreiter nützlich, um die Manövrierfähigkeit und die Reaktionsfähigkeit des Pferdes zu verbessern.

Tipps für das Reiten in verschiedenen Umgebungen und bei unterschiedlichen Wetterbedingungen
Reiten im Gelände:

Beim Ausreiten im Gelände sollte besonderes Augenmerk auf die Wegbeschaffenheit gelegt werden. Sicherheitsausrüstung ist unerlässlich, und das Pferd sollte auf unebenes Terrain vorbereitet sein.

Es ist wichtig, das Pferd langsam an neue Umgebungen zu gewöhnen, insbesondere wenn es ungewohnte Reize wie Wasser, dichte Wälder oder steile Anstiege gibt.

Reiten bei kaltem Wetter:

Bei Kälte ist es besonders wichtig, das Aufwärmen nicht zu vernachlässigen. Ein gründliches Aufwärmen hilft, Muskelverletzungen zu vermeiden und sorgt dafür, dass das Pferd effektiv arbeiten kann.

Nach dem Reiten sollte das Pferd trocken und warm gehalten werden, um ein Auskühlen zu verhindern, besonders wenn das Fell nass geworden ist.
Reiten bei heißem Wetter:

Im Sommer muss auf ausreichende Hydration und Pausen geachtet werden, um Überhitzung zu vermeiden. Leichte, atmungsaktive Ausrüstung kann sowohl für Reiter als auch für das Pferd von Vorteil sein.

Es ist ratsam, die intensivsten Trainingseinheiten in die kühleren Morgen- oder Abendstunden zu legen.

Reiten in städtischen oder belebten Gebieten:

In Gebieten mit starkem Verkehr oder vielen externen Störungen ist es wichtig, dass das Pferd gut im Straßenverkehr trainiert ist.

Sicherheitsausrüstung wie reflektierende Kleidung ist sowohl für das Pferd als auch für den Reiter empfehlenswert.

Das Training sollte schrittweise erfolgen, beginnend in ruhigeren Gebieten, um das Pferd langsam an städtische Bedingungen zu gewöhnen.

VERSCHIEDENE REITSPORTARTEN

Reitsport ist eine faszinierende und vielseitige Disziplin, die sowohl den Reiter als auch das Pferd in vielen verschiedenen Bereichen herausfordert und bereichert.

Von der Dressur bis zum Westernreiten, jede Reitsportart hat ihre eigenen Besonderheiten, Regeln und Anforderungen. Hier ist ein ausführlicher Überblick über die wichtigsten Reitsportarten, die weltweit praktiziert werden.

Dressur

Beschreibung: Die Dressur, oft als „Kunst des Reitens" bezeichnet, konzentriert sich auf die präzise und harmonische Ausführung von Bewegungen zwischen Pferd und Reiter. Ziel ist es, das Pferd so zu trainieren, dass es auf

minimale Signale des Reiters reagiert und verschiedene komplexe Manöver
mit Leichtigkeit und Eleganz ausführt.

Wettbewerbsformen:

Grand Prix: Die höchste Stufe der Dressur, bei der Pferd und Reiter eine fest-
gelegte Folge von hochkomplexen Bewegungen vorführen.
Freestyle (Kür): Eine kreative Variante, bei der die Reiter ihre Routine zu Mu-
sik choreografieren und dabei bestimmte Pflichtfiguren einbauen.
Bewertungskriterien: Harmonie zwischen Reiter und Pferd, Genauigkeit der
Bewegungen, Ausdruck und Rhythmus.

Springreiten

Beschreibung: Das Springreiten ist eine aufregende und dynamische Disziplin, bei der Pferd und Reiter eine Reihe von Hindernissen in einem Parcours
überwinden müssen. Die Hindernisse können verschiedene Höhen und Weiten
haben und erfordern sowohl Präzision als auch Geschwindigkeit.

Wettbewerbsformen:

Einzelwettbewerbe: Reiter und Pferd absolvieren den Parcours und versuchen,
fehlerfrei und in möglichst kurzer Zeit zu bleiben.
Mannschaftswettbewerbe: Teams aus mehreren Reitern treten gegeneinander
an, wobei die Gesamtleistung des Teams zählt.
Bewertungskriterien: Strafpunkte für Abwurf von Hindernissen, Zeitstrafen
und Verweigerungen.

Vielseitigkeitsreiten (Eventing)

Beschreibung: Vielseitigkeitsreiten kombiniert Dressur, Geländeritt und
Springreiten in einem einzigen Wettbewerb. Diese Disziplin testet die Vielseitigkeit, Ausdauer und das Können von Pferd und Reiter.

Wettbewerbsformen:

Dressurprüfung: Ähnlich wie in der reinen Dressur, jedoch weniger komplex.
Geländeritt (Cross-Country): Ein Ausdauer- und Geschicklichkeitsritt über
natürliche und künstliche Hindernisse in freiem Gelände.
Springprüfung: Ein Parcours ähnlich dem reinen Springreiten, aber mit dem
Fokus auf die Frische und Genauigkeit nach dem Geländeritt.

Bewertungskriterien: Kombination der Punktzahlen aus allen drei Disziplinen, Strafpunkte für Zeitüberschreitungen und Fehler.

Westernreiten

Beschreibung: Westernreiten hat seinen Ursprung in den Arbeitsreitstilen der amerikanischen Cowboys. Diese Disziplin zeichnet sich durch eine entspannte Sitzhaltung und die Nutzung von Westernsätteln und -ausrüstungen aus.

Wettbewerbsformen:

Reining: Eine Disziplin, die präzise und schnelle Manöver wie Spins, Sliding Stops und Rollbacks umfasst.
Western Pleasure: Pferde werden auf ihre Fähigkeit beurteilt, ruhig und entspannt verschiedene Gangarten auszuführen.
Cutting: Das Trennen eines einzelnen Rindes von der Herde, bei dem das Pferd seine Instinkte und Beweglichkeit zeigt.
Trail: Ein Hindernisparcours, der alltägliche Situationen auf der Ranch simuliert.
Bewertungskriterien: Präzision, Geschmeidigkeit der Bewegungen, Gehorsam und Stil.

Dressur-Reining (Western-Dressur):
Beschreibung: Eine Mischung aus klassischen Dressur- und Westernreitstilen, bei der Elemente aus beiden Disziplinen kombiniert werden.

Wettbewerbsformen:

Pattern-Riding: Pferd und Reiter führen festgelegte Muster aus, die sowohl Western- als auch Dressurelemente enthalten.
Freestyle: Eine kreative Darstellung zu Musik, die Western- und Dressurbewegungen kombiniert.
Bewertungskriterien: Harmonie, Ausdruck und technische Ausführung der Bewegungen.

Distanzreiten

Beschreibung: Distanzreiten ist ein Ausdauersport, bei dem Pferd und Reiter lange Strecken über unterschiedlichstes Gelände zurücklegen. Streckenlängen variieren und können bis zu 160 km an einem Tag betragen.

Wettbewerbsformen:

Limited Distance: Wettbewerbe über kürzere Strecken, typischerweise zwischen 40 und 80 km.
Endurance Rides: Längere Wettbewerbe, die über 100 km und mehr gehen.
Bewertungskriterien: Geschwindigkeit und Zustand des Pferdes werden bewertet. Regelmäßige Tierarztkontrollen stellen sicher, dass das Pferd gesund und fit bleibt.

Polo

Beschreibung: Polo ist ein Teamsport, bei dem vier Reiter pro Team auf einem großen Feld gegeneinander antreten und versuchen, mit einem langen Schläger einen Ball ins Tor des gegnerischen Teams zu schlagen.

Wettbewerbsformen:

Outdoor Polo: Gespielt auf einem großen Feld, normalerweise mit vier Spielern pro Team.
Arena Polo: Gespielt in einer kleineren, ummauerten Arena, oft mit drei Spielern pro Team.
Bewertungskriterien: Tore und Teamkoordination.

Voltigieren

Beschreibung: Voltigieren ist eine Kombination aus Turnen und Akrobatik auf dem Rücken eines sich bewegenden Pferdes. Es wird oft in Teams durchgeführt, kann aber auch als Einzel- oder Pas-de-Deux (Doppelvoltigieren) praktiziert werden.

Wettbewerbsformen:

Einzelvoltigieren: Einzelne Voltigierer führen eine festgelegte Kür auf dem Pferderücken aus.
Gruppenvoltigieren: Teams aus mehreren Voltigierern führen koordinierte Bewegungen aus.
Pas-de-Deux: Zwei Voltigierer arbeiten zusammen und führen synchronisierte Bewegungen aus.
Bewertungskriterien: Schwierigkeitsgrad, Ausführung, Kreativität und Harmonie mit dem Pferd.

Fahrturniere

Beschreibung: Beim Fahren sitzt der Fahrer auf einem Wagen oder einer Kutsche und lenkt das Pferd oder die Pferde durch verschiedene Aufgaben und Prüfungen.

Wettbewerbsformen:

Dressurfahren: Präzise Ausführung von Bewegungen im Viereck, ähnlich der Dressur beim Reiten.
Geländefahren: Ein Marathon durch anspruchsvolles Gelände mit Hindernissen.
Hindernisfahren: Ein Parcours mit Kegeln und Bällen, die umfahren werden müssen.
Bewertungskriterien: Präzision, Geschwindigkeit, Geschicklichkeit und Harmonie zwischen Fahrer und Pferden.

Horseball

Beschreibung: Horseball ist eine Mannschaftssportart, die Elemente aus Basketball und Rugby kombiniert und auf Pferden gespielt wird. Teams versuchen, den Ball in das gegnerische Tor zu werfen.

Wettbewerbsformen:

Standardspiele: Zwei Teams mit jeweils vier Reitern treten gegeneinander an.
Bewertungskriterien: Tore, Teamkoordination und Geschicklichkeit.

Gymkhana

Beschreibung: Gymkhana besteht aus einer Reihe von Geschicklichkeitsspielen und Rennen, die auf Zeit und Genauigkeit basieren. Diese Spiele testen die Agilität und die Zusammenarbeit zwischen Pferd und Reiter.

Wettbewerbsformen:

Fassrennen: Ein Rennen um aufgestellte Fässer.
Stangenrennen: Ein Slalomrennen durch eine Reihe von Stangen.
Eierlauf: Ein Geschicklichkeitsspiel, bei dem der Reiter ein Ei auf einem Löffel balanciert, während er reitet.
Bewertungskriterien: Geschwindigkeit, Genauigkeit und Geschicklichkeit.

Fazit

Reitsportarten sind vielfältig und bieten für jeden Pferdeliebhaber eine passende Disziplin, egal ob es um Präzision, Geschwindigkeit, Ausdauer oder Geschicklichkeit geht.

Jede Reitsportart hat ihre eigenen Regeln, Techniken und Besonderheiten, die sowohl für Pferd als auch für Reiter herausfordernd und erfüllend sind.

Von der eleganten Dressur bis zum spannenden Springreiten, von den traditionsreichen Westernreitdisziplinen bis zum modernen Polo – der Reitsport bietet eine reiche Palette an Möglichkeiten, die Bindung zwischen Mensch und Pferd zu vertiefen und die gemeinsamen Fähigkeiten zu fördern.

Fahrturnier.

HAFLINGER IM FAHRSPORT

Der Haflinger ist nicht nur als Reitpferd vielseitig einsetzbar, sondern hat sich auch im Fahrsport als äußerst talentiertes und zuverlässiges Pferd bewiesen. Ursprünglich als Arbeitspferd in den Alpenregionen gezüchtet, um Lasten zu tragen und Wagen zu ziehen, besitzt der Haflinger alle Eigenschaften, die ihn zu einem idealen Partner im Fahrsport machen. Seine Ausdauer, Kraft und sein ruhiges Wesen ermöglichen es ihm, sowohl im Freizeitbereich als auch im Wettkampfsport erfolgreich eingesetzt zu werden.

Tradition und Geschichte des Haflingers im Fahrsport

Der Haflinger wurde in den Alpenregionen von Österreich und Italien seit dem 19. Jahrhundert als Arbeitspferd verwendet. Besonders in der Landwirtschaft und im Transportwesen war seine Fähigkeit, schwere Lasten zu ziehen, unverzichtbar. Diese ursprünglichen Eigenschaften – Stärke, Trittsicherheit und Ausdauer – prädestinieren den Haflinger für den Fahrsport. Obwohl heute viele Haflinger als Reitpferde genutzt werden, bleibt der Fahrsport ein wichtiger Bereich, in dem die Rasse ihre traditionellen Fähigkeiten zeigt.

In den vergangenen Jahrzehnten hat sich der Haflinger im modernen Fahrsport etabliert. Er ist sowohl bei Freizeitreitern beliebt, die gemütliche Kutschfahrten genießen möchten, als auch bei ambitionierten Fahrern, die an nationalen und internationalen Turnieren teilnehmen. Der Haflinger wird sowohl im Einspänner als auch im Zweispänner oder Vierspänner gefahren und ist in allen Bereichen des Fahrsports vertreten, vom Dressurfahren über das Hindernisfahren bis hin zum Marathonfahren.

Eigenschaften des Haflingers im Fahrsport

Die besonderen Eigenschaften des Haflingers machen ihn zu einem idealen Partner im Fahrsport. Hier sind einige der wichtigsten Merkmale, die Haflinger im Fahrsport auszeichnen:

Kraft und Ausdauer: Der Haflinger besitzt eine bemerkenswerte Zugkraft und kann problemlos schwere Kutschen oder Wagen ziehen. Seine kräftige Hinterhand verleiht ihm die nötige Stärke, um auch auf langen Strecken oder in unwegsamem Gelände durchzuhalten.

Trittsicherheit: Wie bei seinen Ursprüngen als Gebirgspferd zeigt sich der Haflinger auch im Fahrsport trittsicher und gelassen. Besonders im Marathonfahren, bei dem das Pferd auf unterschiedlichen Untergründen und in anspruchsvollem Gelände sicher laufen muss, kommt diese Eigenschaft zum Tragen.

Ruhiges und ausgeglichenes Wesen: Haflinger sind bekannt für ihre Gutmütigkeit und Gelassenheit, was sie zu idealen Fahrpferden macht. Sie bleiben auch in stressigen oder ungewohnten Situationen ruhig und konzentriert, was im Fahrsport, insbesondere beim Hindernisfahren, entscheidend ist.

Vielseitigkeit: Ein Haflinger kann in verschiedenen Disziplinen des Fahrsports eingesetzt werden, sei es im Dressurfahren, Hindernisfahren oder Marathonfahren. Diese Vielseitigkeit macht ihn besonders attraktiv für Fahrer, die in unterschiedlichen Bereichen des Sports aktiv sind.

Disziplinen im Fahrsport mit Haflingern

Der Fahrsport umfasst mehrere Disziplinen, in denen Haflinger hervorragend eingesetzt werden können. Jede dieser Disziplinen stellt unterschiedliche Anforderungen an das Pferd und den Fahrer.

Dressurfahren: Im Dressurfahren müssen Pferd und Fahrer eine vorgegebene Abfolge von Lektionen in einer rechteckigen Arena präsentieren. Diese Lektionen zielen auf Präzision, Harmonie und die feine Kommunikation zwischen Pferd und Fahrer ab. Hier zeigt der Haflinger seine Geschmeidigkeit und sein gutes Gangwerk.

Leistung im Viereck: Haflinger sind in der Lage, präzise Wendungen und fließende Übergänge auszuführen, was sie im Dressurfahren zu einem soliden Teilnehmer macht.

Harmonie und Eleganz: Auch wenn der Haflinger eher für seine Kraft und Ausdauer bekannt ist, kann er mit einer guten Ausbildung eine beeindruckende Eleganz und Geschmeidigkeit im Viereck zeigen.

Hindernisfahren: Das Hindernisfahren, auch Kegelfahren genannt, erfordert hohe Konzentration und Geschicklichkeit. Der Fahrer muss den Haflinger durch einen Parcours lenken, der aus Kegeln mit Bällen besteht, die nicht berührt werden dürfen. Dies erfordert nicht nur Präzision, sondern auch Schnelligkeit.

Präzision und Wendigkeit: Der Haflinger zeigt im Hindernisfahren eine beeindruckende Wendigkeit und Geschicklichkeit, die ihm ermöglicht, enge Kurven und schwierige Passagen sicher zu meistern.

Konzentration und Tempo: Haflinger behalten auch unter Zeitdruck ihre Ruhe und sind in der Lage, schnell und präzise durch den Parcours zu navigieren.

Marathonfahren: Das Marathonfahren ist der aufregendste Teil des Fahrsports und stellt sowohl physische als auch mentale Anforderungen an Pferd und Fahrer. Hier müssen die Pferde über längere Distanzen anspruchsvolle Strecken bewältigen, die durch verschiedene Geländeformen führen und oft natürliche Hindernisse wie Wassergräben oder Brücken beinhalten.

Ausdauer und Trittsicherheit: Dank ihrer robusten Natur und ihrer Ausdauer sind Haflinger für das Marathonfahren prädestiniert. Sie bewältigen auch längere Distanzen ohne Probleme und zeigen dabei eine bemerkenswerte Trittsicherheit in schwierigem Gelände.

Kraft und Balance: Die körperliche Stärke des Haflingers ermöglicht es ihm, auch in anspruchsvollen Marathonstrecken konstant gute Leistungen zu erbringen.

Die richtige Ausrüstung für den Fahrsport
Die Wahl der richtigen Ausrüstung spielt im Fahrsport eine zentrale Rolle. Für Haflinger ist es wichtig, dass die Ausrüstung gut passt und dem Pferd den nötigen Komfort bietet, um Verletzungen und Unwohlsein zu vermeiden.

Geschirr: Das Fahrgeschirr sollte perfekt auf die Größe und Statur des Haflingers abgestimmt sein. Da Haflinger oft einen breiten Brustkorb und kräftigen Hals haben, ist es wichtig, ein Geschirr zu wählen, das diese Eigenschaften berücksichtigt und bequem sitzt.

Wagen und Kutschen: Je nach Disziplin werden unterschiedliche Wagen und Kutschen verwendet. Für das Freizeitfahren eignen sich leichte Kutschen, während für das Marathonfahren speziell dafür konzipierte Wagen notwendig sind, die robust und wendig genug sind, um die Anforderungen des Geländes zu bewältigen.

Sicherheitsausrüstung: Fahrer sollten stets Helme und gegebenenfalls Schutzwesten tragen, besonders bei Wettkämpfen wie dem Marathonfahren, um sich vor Verletzungen zu schützen.

Haflinger im Freizeitfahren
Neben dem Wettkampfsport sind Haflinger auch im Freizeitfahren äußerst beliebt. Ihr ruhiges Wesen und ihre Zuverlässigkeit machen sie zu idealen Kutschpferden für gemütliche Ausfahrten in der Natur. Ob als Einspänner, Zweispänner oder in größeren Gespannen – der Haflinger zeigt sich im Freizeitbereich als ausgeglichenes und freundliches Fahrpferd, das auch für Anfänger gut geeignet ist.
Viele Familien schätzen den Haflinger als verlässlichen Begleiter bei Ausflügen, da er geduldig und sicher arbeitet, selbst wenn er mit unerfahrenen Fahrern oder Kindern zu tun hat.

Der Haflinger ist eine hervorragende Wahl für den Fahrsport. Seine Stärke, Ausdauer und Vielseitigkeit machen ihn sowohl für den ambitionierten Wettkampfsport als auch für das gemütliche Freizeitfahren zu einem idealen Partner. Ob in der Dressur, beim Hindernisfahren oder im anspruchsvollen Marathon – der Haflinger zeigt in allen Disziplinen, warum er eine so beliebte und geschätzte Rasse ist. Mit der richtigen Ausbildung und Ausrüstung kann der Haflinger im Fahrsport zu Höchstleistungen auflaufen und sowohl dem Fahrer als auch dem Zuschauer Freude bereiten.

VERSCHIEDENE BAHNFIGUREN

Bahnfiguren, auch Hufschlagfiguren genannt, sind festgelegte Lauflinien für Pferde in einer Reitbahn, die der Gymnastizierung des Pferdes und der Abstimmung der Kommunikation zwischen Reiter und Pferd dienen.

Dies geschieht über die sogenannten Hilfen, v. a. Zügel-, Schenkel- und Gewichtshilfen. Da die meisten Hufschlagfiguren national und international vereinheitlicht sind, dienen sie auch als Kurzangaben bei der Beschreibung von Lauflinien, bei der Angabe von geforderten Aufgaben auf Reitturnieren oder beim Reitunterricht.

Anhand der Bahnfiguren kann die Durchlässigkeit und auch die Längsbiegung überprüft und verbessert werden.

Folgende Bahnfiguren sind in der klassischen Reitkunst gebräuchlich:

Ganze Bahn

Ganze Bahn ist die einfachste Hufschlagfigur. Es wird immer an der Bande entlang (am Hufschlag) geritten und somit die ganze Bahn umkreist.

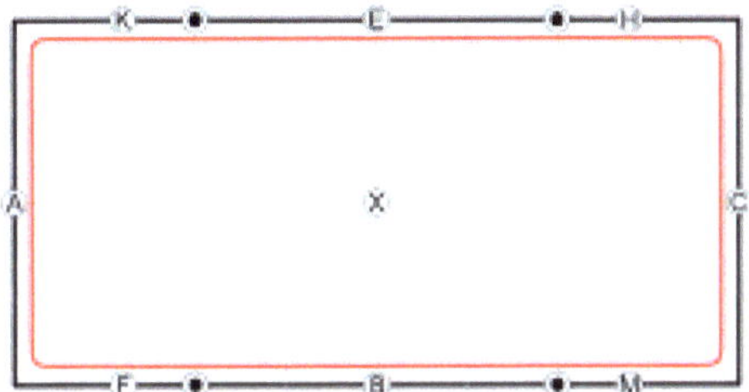

Halbe Bahn

Bei der halben Bahn wird bei Bahnpunkt B oder E (siehe Dressurviereck), in der Mitte der langen Seite (des Bahnrechtecks), im rechten Winkel abgewendet und geradeaus auf die andere Seite geritten. Die „Hand" wird dabei nicht gewechselt. (Linke Hand meint z. B., dass linksherum geritten wird, also links innen ist, rechte Hand analog.)

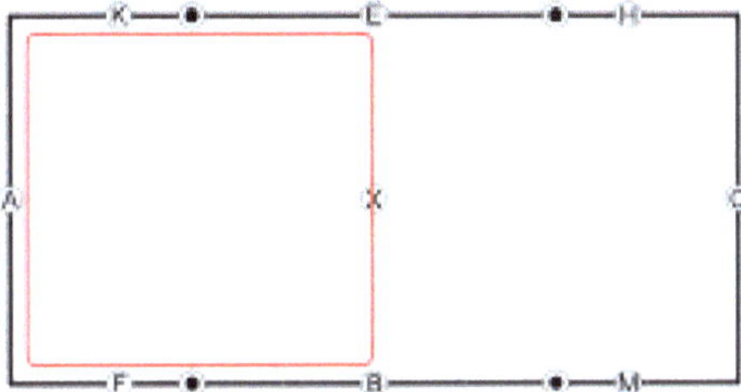

Durch die ganze Bahn wechseln

Bei dieser Figur durchquert der Reiter die Reitbahn auf gerader Linie von einer Ecke, genauer: vom Wechselpunkt nach Durchreiten der Ecke, in die diagonal gegenüberliegende Ecke, genauer gesagt: zum Wechselpunkt vor der diagonal gegenüberliegenden Ecke.

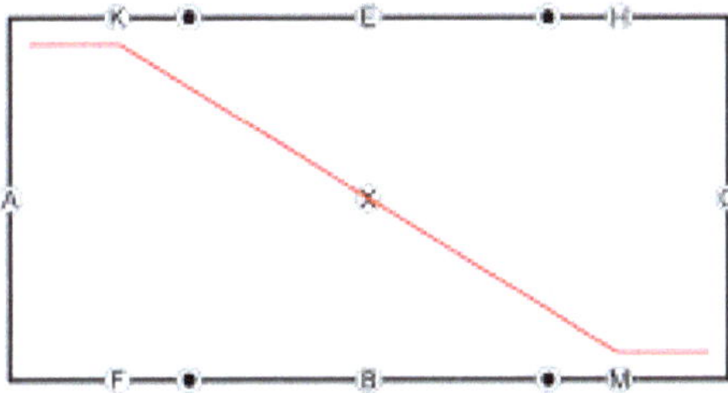

Durch die halbe Bahn wechseln

Diese Figur ähnelt der vorherigen, jedoch wird die gegenüberliegende lange Seite nicht am Wechselpunkt, sondern mittig erreicht und dort wieder auf den Hufschlag abgewendet.

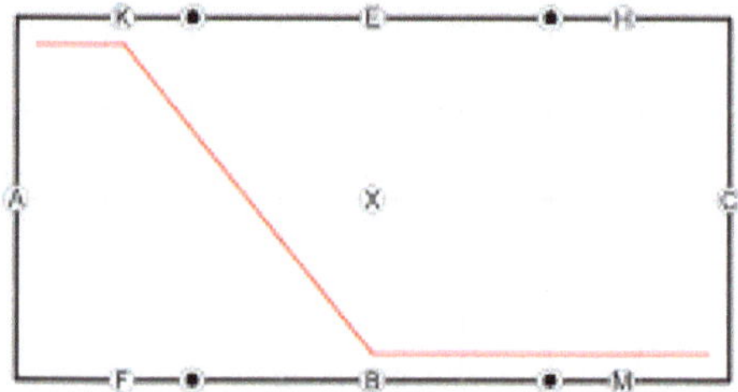

Durch die Länge der Bahn wechseln

Hierbei wird die Bahn parallel zur langen Seite von der Mitte der einen kurzen Seite zur Mitte der gegenüberliegenden kurzen Seite durchquert. Der Reiter wendet Mitte der kurzen Seite ab, reitet über den Mittelpunkt der Bahn und wendet an der gegenüberliegenden kurzen Seite wieder auf den Hufschlag (Reiten) ab.

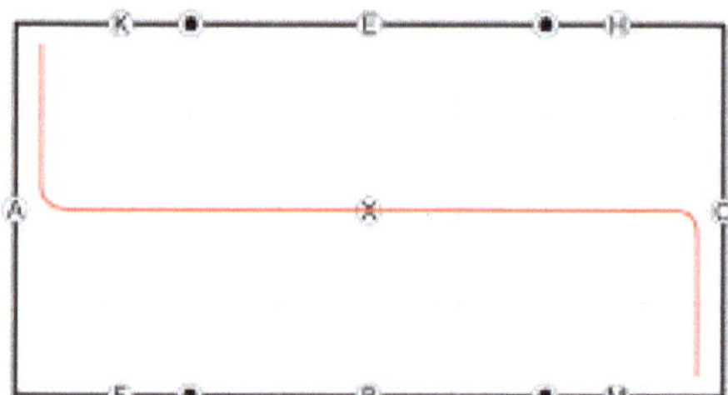

Durch die Länge der Bahn geritten

Mitte der kurzen Seite, bei Bahnpunkt A oder C wird auf die Mittellinie abgewendet und geradeaus auf die andere kurze Seite geritten. Dort wieder auf die gleiche Hand abgewendet also nicht die Hand gewechselt.

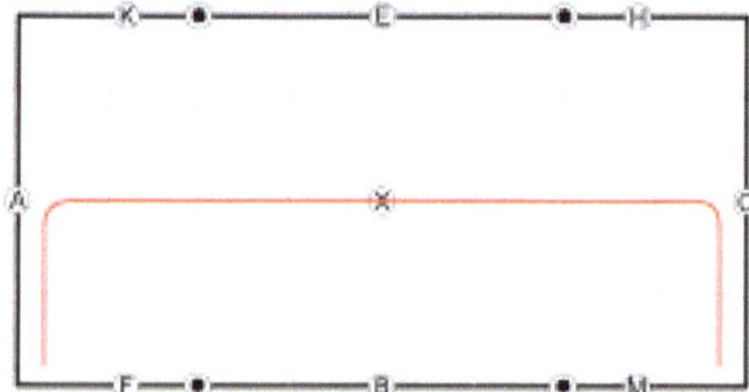

Aus der Ecke kehrt/Aus der Mitte kehrt

Auf der linken Hand bei Bahnpunkt K oder M, und auf der rechten Hand bei H oder F. In die Ecke wird eine (knappe) Dreiviertel-Volte von 6–10 Meter Durchmesser geritten, danach mit geradegestelltem Pferd in schrägem Winkel zum Hufschlag zurück. Je nach Ausbildungsstand von Pferd und Reiter wird die Dreiviertel-Volte weiter oder enger geritten werden; dann endet die Figur entsprechend früher oder später zwischen Zirkelpunkt und Mitte der langen Seite – die gerade auslaufende Strecke endet im 30- bis 45-Grad-Winkel auf den Hufschlag.

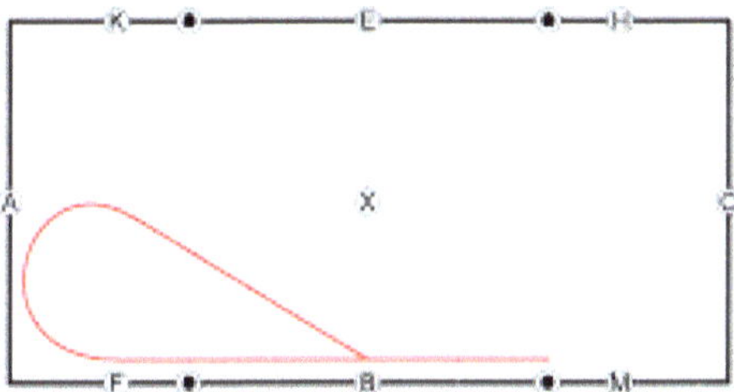

Zirkel

Der Zirkel ist eine kreisförmige Bahnfigur. Der normale Zirkel von 20 m Durchmesser, bei einer Bahn von 20 × 40 m in jeder Bahnhälfte einer, berührt an drei Punkten den Hufschlag (Reiten), und zwar Mitte der kurzen Seite sowie an den sogenannten Zirkelpunkten, die an den langen Seiten der Bahn in der Entfernung aus den Ecken liegen wie die halbe kurze Seite lang ist.

Der vierte Punkt liegt auf der Mittellinie, im Bahnmittelpunkt. Man spricht dabei von der offenen und der geschlossenen Zirkelseite; die offene ist der Halbkreis, der nicht die kurze Seite berührt, der geschlossene der diesem gegenüber liegende. Ebenfalls üblich ist der Mittelzirkel, bei dem der Hufschlag nur an den beiden Punkten Mitte der langen Seiten erreicht wird und das Zentrum im Mittelpunkt der Reitbahn liegt.

In der Schweiz wird der Ausdruck Zirkel nicht verwendet. Jeder auszuführende Kreis wird als Volte bezeichnet. Im Dressurprogramm wird der Punkt des Beginns und der Durchmesser angegeben.

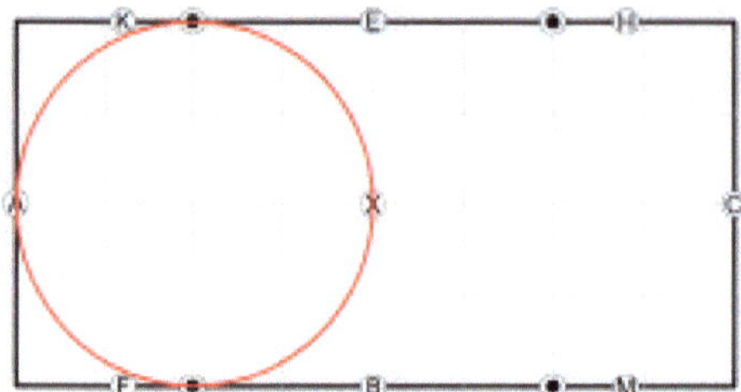

Aus dem Zirkel wechseln

Hierbei wird auf einem Zirkel geritten und Mitte der offenen Zirkelseite ein Handwechsel durchgeführt (beim Viereck 20 × 40 m also über dem Mittelpunkt der Bahn), um dann auf der anderen Hand ebenfalls einen Zirkel zu reiten. Es werden also zwei Zirkel durchritten, die sich nur an einem Punkt Mitte der Bahn berühren.

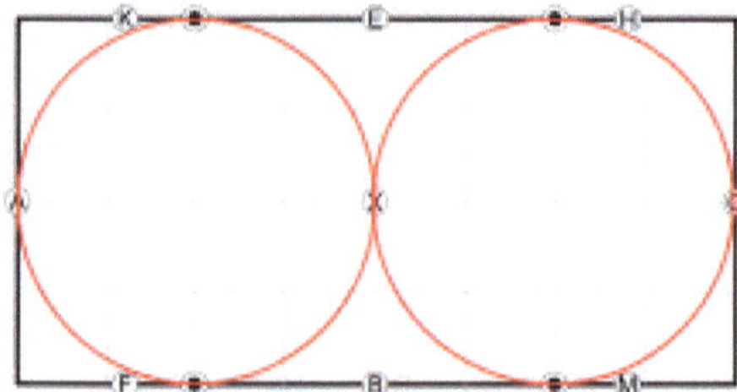

Durch den Zirkel wechseln

Der Reiter befindet sich auf einem Zirkel. Er wendet am Zirkelpunkt von der offenen Zirkelseite in einer halben Volte ab, reitet über den Mittelpunkt des Zirkels auf die kurze Seite zu, wechselt über dem Mittelpunkt die Hand und reitet in einer weiteren halben Volte auf der neuen Hand auf den anderen Zirkelpunkt zu; der Reiter beschreibt so eine S-Linie innerhalb des Zirkels, die vom einen Zirkelpunkt über einen Voltenhalbkreis zum Mittelpunkt und über einen weiteren Voltenhalbkreis auf der neuen Hand zum anderen Zirkelpunkt führt.

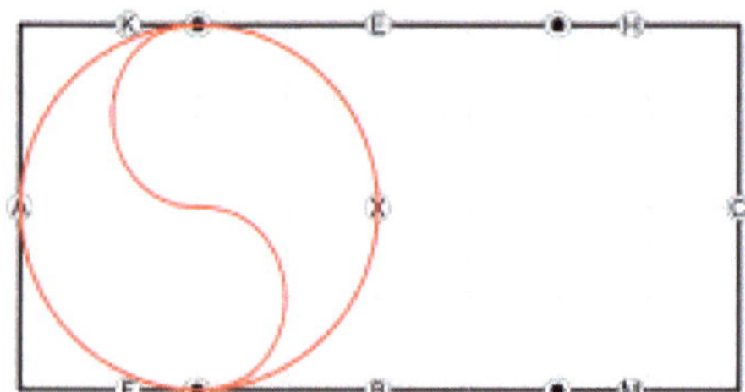

Schlangenlinien an der langen Seite, ein/zwei Bogen

Bei der einfachen Schlangenlinie wendet der Reiter nach dem Durchreiten der Ecke auf die lange Seite zu ab dem Wechselpunkt nach innen ab und reitet einen Bogen in die Bahn hinein, erreicht man die Mitte der Seite einen Abstand von 5 m, kehrt danach im leichten Bogen vor der nächsten Ecke am Wechselpunkt wieder auf den Hufschlag zurück. Bei der doppelten Schlangenlinie werden ab einem Wechselpunkt zwei Bögen mit einem Maximalabstand von 2,5 m von der Bande geritten, dabei kehrt das Pferd nach dem ersten Bogen zur Mitte der langen Seite auf den Hufschlag zurück und wendet danach erneut nach innen ab, um vor der Ecke am Wechselpunkt wieder den Hufschlag zu erreichen. Schlangenlinien dienen der biegenden Gymnastizierung (durch jeweilige Umstellung) des Pferdes.

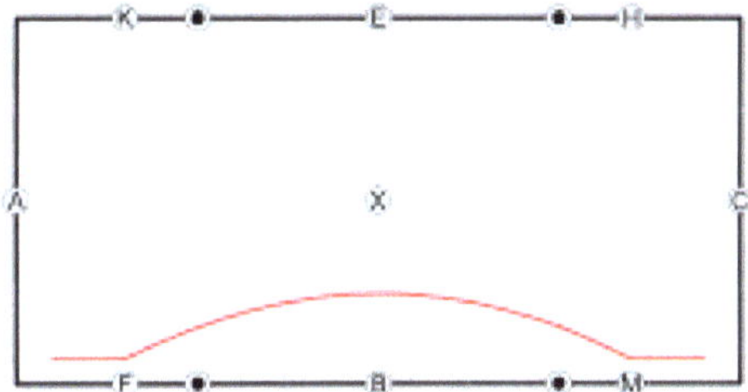

Schlangenlinien durch die ganze Bahn, drei/vier/fünf/sechs/sieben Bogen

Bei dieser Figur wechselt das Pferd zwischen den langen Seiten hin und her. Die Figur beginnt an der kurzen Seite, der Reiter durchreitet die Ecke und wendet dann parallel zur kurzen Seite ab und reitet im rechten Winkel auf die gegenüberliegende Bande zu. Dabei wird beim Überreiten der Mittellinie ein Handwechsel ausgeführt. Hat er die andere Bande bzw. den gegenüberliegenden Hufschlag erreicht, reitet er einen Bogen und kehrt auf die gleiche Weise wieder zur Anfangsseite zurück. Es gibt Schlangenlinien mit drei, vier, fünf, sechs oder sieben Bögen (letztere im Viereck 20 × 60 m).

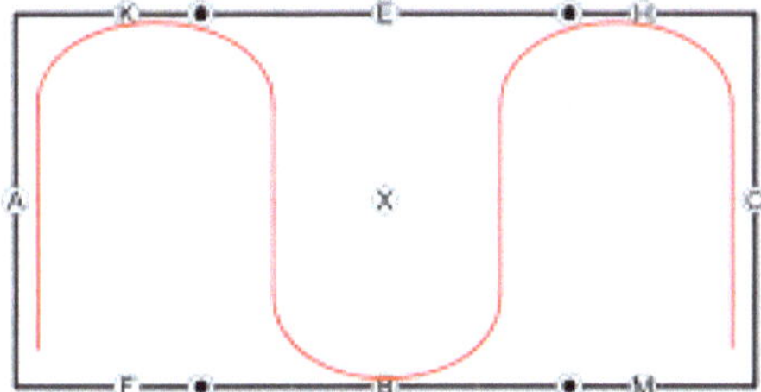

Die Acht

Bei dieser Figur wird eine Acht geritten. Beginnt man Sie am Hufsschlag wird erst eine halbe Volte geritten, richtet das Pferd gerade und wechselt auf der Mittellinie die Hand und reitet eine ganze Volte auf dieser Hand. Auf der Mittellinie wird dann wieder das Pferd gerade gerichtet und ein Handwechsel geritten und die Acht mit einer weiteren halben Volte beendet.

Bahnfiguren und Reitfiguren sind grundlegende Elemente in der Ausbildung von Pferd und Reiter. Sie dienen nicht nur der Entwicklung von Präzision und Geschmeidigkeit in der Bewegung, sondern auch der Verbesserung von Kommunikation, Vertrauen und Harmonie zwischen Reiter und Pferd.

Durch das systematische Üben dieser Figuren wird die Geschmeidigkeit und Balance des Pferdes gefördert, während der Reiter seine Hilfengebung und Körpersprache verfeinern kann.

Vielseitigkeit und Anwendung:

Bahnfiguren sind vielseitig einsetzbar und finden sowohl in der Dressur als auch im Springen, Vielseitigkeitsreiten und sogar im Freizeitreiten Anwendung. Ihre korrekte Ausführung erfordert und fördert eine fundierte Grundausbildung, die das Pferd auf höhere Anforderungen vorbereitet.

Körpersprachliche Kommunikation:

Der richtige Einsatz von Bahnfiguren ermöglicht eine präzise und feine Kommunikation mit dem Pferd. Reiter lernen, ihre Hilfen effektiv und subtil einzusetzen, was zu einer besseren Kontrolle und einem harmonischeren Miteinander führt.

Körperliche Fitness und Geschmeidigkeit:

Durch das Training mit Reitfiguren wird die Muskulatur des Pferdes gleichmäßig entwickelt und die Geschmeidigkeit verbessert. Dies trägt zur Vermeidung von Verletzungen bei und fördert die langfristige Gesundheit und Leistungsfähigkeit des Pferdes.

Mentale Stimulation:

Die Variation und Vielfalt der Bahnfiguren bieten mentale Anreize für das Pferd und beugen Langeweile vor. Dies ist besonders wichtig für das psychische Wohlbefinden und die Motivation des Pferdes.

Individuelle Anpassung: Bahnfiguren können an das Ausbildungsniveau und die speziellen Bedürfnisse von Pferd und Reiter angepasst werden. Dadurch sind sie ein wertvolles Werkzeug für die individuelle Förderung und das gezielte Training.

Zusammenfassend lässt sich sagen, dass Bahnfiguren und Reitfiguren essenzielle Bestandteile eines ganzheitlichen Trainingsprogramms sind.

Sie fördern nicht nur die körperliche und mentale Entwicklung des Pferdes, sondern auch die Fähigkeiten und das Einfühlungsvermögen des Reiters.

Reitplatz.

TEILNAHME AN WETTBEWERBEN

Teilnahme an Wettbewerben: Vorbereitung und Verständnis der Kriterien

Die Teilnahme an lokalen und regionalen Pferdeshows und Wettbewerben ist ein aufregender Aspekt des Reitsports, der Reitern und ihren Pferden die Möglichkeit bietet, ihre Fähigkeiten und ihre harte Arbeit zu präsentieren.

Um bei solchen Veranstaltungen erfolgreich zu sein, ist eine gründliche Vorbereitung notwendig.

Zudem ist es wichtig, ein tiefes Verständnis der Bewertungskriterien und der Wettbewerbsregeln zu haben.

Diese Aspekte sind entscheidend, um die Chancen auf Erfolg zu maximieren und ein positives und lehrreiches Erlebnis für beide, Reiter und Pferd, zu gewährleisten.

Vorbereitung auf lokale und regionale Pferdeshows und Wettbewerbe

Trainingsplanung:

Die Vorbereitung auf einen Wettbewerb beginnt Monate im Voraus.

Es ist wichtig, einen detaillierten Trainingsplan zu erstellen, der sowohl die physische als auch die psychische Vorbereitung des Pferdes berücksichtigt.

Der Plan sollte spezifische Ziele setzen und regelmäßige Trainingseinheiten einschließen, die allmählich auf die Anforderungen des Wettbewerbs hinarbeiten.

Ausrüstung und Präsentation:

Sicherstellen, dass die Ausrüstung des Pferdes, einschließlich Sattel, Zaumzeug und eventuelle Turnierbekleidung, in einwandfreiem Zustand ist, ist entscheidend.

Es kann nötig sein, neue Ausrüstung zu kaufen oder bestehende auszubessern.

Die Präsentation des Pferdes muss den Regeln des Wettbewerbs entsprechen, dazu gehört oft das sorgfältige Putzen und das korrekte Flechten der Mähne.

Mentaltraining und Routine:

Die mentale Vorbereitung ist ebenso wichtig wie das physische Training.

Dies kann durch das Üben von Entspannungstechniken, Visualisierung des Parcours und des Auftritts sowie durch das Etablieren einer beruhigenden Routine vor dem Eintritt in den Ring erfolgen.

Das Ziel ist es, Nervosität zu minimieren und das Selbstvertrauen zu stärken.

Verständnis der Bewertungskriterien und der Wettbewerbsregeln

Bewertungskriterien:

Die genauen Bewertungskriterien können je nach Disziplin und spezifischem

Wettbewerb variieren.

Allgemein wird jedoch meist die korrekte Ausführung der Aufgabe, die Harmonie zwischen Reiter und Pferd, die Haltung und Präsentation sowie die technische Schwierigkeit bewertet.

Es ist wichtig, sich im Vorfeld genau mit den spezifischen Kriterien des anstehenden Wettbewerbs vertraut zu machen.

Verständnis der Regeln:

Jeder Wettbewerb hat eigene Regeln, die die Teilnahmebedingungen, die Ausrüstung, das Verhalten auf dem Gelände und während des Wettbewerbs und die Sicherheitsprotokolle umfassen.

Ein tiefes Verständnis dieser Regeln ist entscheidend, um Disqualifikationen oder Strafpunkte zu vermeiden.

Es ist ratsam, sich mit dem Regelwerk des jeweiligen Verbandes vertraut zu machen und bei Unklarheiten nachzufragen.

Anmeldung und Logistik:

Die Anmeldung zu Wettbewerben muss oft frühzeitig erfolgen und erfordert in der Regel das Einreichen bestimmter Unterlagen, wie Leistungsnachweise und Gesundheitszeugnisse.

Planen Sie auch die logistischen Aspekte wie Transport, Unterbringung und Zeitpläne sorgfältig, um Stress zu minimieren.

Die Teilnahme an Pferdeshows und Wettbewerben erfordert umfangreiche Vorbereitungen und ein detailliertes Verständnis der Regeln und Bewertungskriterien.

Durch sorgfältige Planung, systematisches Training und die Berücksichtigung aller organisatorischen Aspekte kann die Teilnahme an solchen Veranstaltungen zu einer bereichernden und erfolgreichen Erfahrung für Reiter und Pferd werden.

Turniervorbereitung.

Jugendreiterprüfung:

Die Jugendreiterprüfung ist eine spezielle Prüfung für junge Reiterinnen und Reiter, die ihre Fähigkeiten im Pferdesport unter Beweis stellen möchten.

Diese Prüfung bietet eine Einführung in den Turniersport und ist oft der erste Schritt für junge Reiter auf ihrem Weg in den Reitsport. Die Anforderungen variieren je nach Niveau und Disziplin, können aber Dressur-, Spring- oder Vielseitigkeitsprüfungen umfassen.

In der Regel werden einfachere Dressurlektionen, niedrige Sprünge oder einfache Geländehindernisse verlangt. Die Jugendreiterprüfung bietet jungen Reitern eine Möglichkeit, erste Turniererfahrungen zu sammeln, sich mit Gleichaltrigen zu messen und ihre Fähigkeiten weiterzuentwickeln. Sie fördert den Spaß am Reitsport und bietet eine positive Lernerfahrung für junge Reiterinnen und Reiter.

Dressurprüfungen:
E-Dressur:

Diese Prüfung ist für Einsteiger konzipiert und beinhaltet grundlegende Dressurlektionen wie Schritt, Trab und Galopp in einfachen Übungen. Die Anforderungen sind niedrig und es wird ein einfacher Dressurplatz ohne allzu anspruchsvolle Elemente verwendet.

A-Dressur:

Die A-Dressur ist eine etwas fortgeschrittenere Prüfung und erfordert eine genauere Ausführung der Dressurlektionen. Sie beinhaltet Übergänge, Wendungen und einfache Dressurfiguren wie Zirkel und Schlangenlinien. Die Pferde sollten eine gute Balance und Rittigkeit zeigen.

Springprüfungen:

E-Springen:

Ähnlich wie die E-Dressur ist das E-Springen für Anfänger gedacht. Die Sprünge sind niedrig und einfach gestaltet, oft nicht höher als 50-60 cm. Die Anforderungen beinhalten das Überwinden von Hindernissen in einer bestimmten Reihenfolge und Tempo.

A-Springen:

Das A-Springen ist etwas anspruchsvoller und beinhaltet höhere Sprünge bis zu 80-90 cm. Die Prüfung erfordert eine gute Balance, Technik und Geschwindigkeit beim Springen verschiedener Hindernisse wie Oxer, Steilsprünge und Kombinationen.

Vielseitigkeitsprüfungen:

Einsteiger Vielseitigkeit:

Diese Prüfung kombiniert Dressur, Springen und Geländehindernisse auf niedrigem Niveau. Die Anforderungen sind für Anfänger geeignet und beinhalten einfache Dressurlektionen, niedrige Sprünge und natürliche Hindernisse wie kleine Wälle, Gräben und Wasser.

CIC/CIC2 Vielseitigkeit:

Diese Prüfungen sind auf höherem Niveau angesiedelt und beinhalten anspruchsvollere Dressurlektionen, größere und technisch anspruchsvolle Sprünge sowie längere und herausfordernde Geländestrecken mit natürlichen Hindernissen wie Baumstämmen, Mauern und Wasserelementen.

Fahrsportprüfungen:

Einfache Fahrprüfung:

Diese Prüfung richtet sich an Einsteiger im Fahrsport und beinhaltet das Fahren eines Ein- oder Zweispänners auf einem Dressurplatz mit einfachen Hindernissen wie Kegeln und Pylonen.

Marathonprüfung:

Die Marathonprüfung ist ein wichtiger Bestandteil des Fahrsports und beinhaltet das Fahren eines Gespanns über eine längere Distanz auf einer anspruchsvollen Geländestrecke mit natürlichen und künstlichen Hindernissen.

Diese Prüfungen stellen nur eine Auswahl dar und es gibt viele weitere Prüfungen in verschiedenen Disziplinen des Pferdesports, die jeweils ihre eigenen Anforderungen und Schwierigkeitsgrade haben. Es ist wichtig, das richtige Level für das eigene Können und das des Pferdes zu wählen, um eine positive und sichere Erfahrung zu gewährleisten.

SPEZIELLE AUSRÜSTUNG FÜR WETTBEWERBE

Die Teilnahme an einem Reitturnier erfordert eine sorgfältige Vorbereitung und die richtige Ausrüstung, um sowohl den Reiter als auch das Pferd optimal auf die verschiedenen Anforderungen des Wettbewerbs vorzubereiten.

Von der Kleidung des Reiters bis hin zur Ausrüstung für das Pferd und den Pferdeanhänger – hier ist eine detaillierte Übersicht über die benötigte spezielle Ausrüstung.

Kleidung des Reiters

1. Reithelm:

Ein gut sitzender, geprüfter Reithelm ist unerlässlich für die Sicherheit des Reiters. Der Helm sollte den aktuellen Sicherheitsstandards entsprechen (z.B. VG1, ASTM/SEI).

2. Reitjacke:

Für Turniere ist oft eine formelle Reitjacke vorgeschrieben. Diese sollte gut sitzen, Bewegungsfreiheit bieten und aus einem atmungsaktiven Material bestehen. Die Farben sind meist dunkel (schwarz, navy, grau).

3. Reitshirt oder Bluse:

Unter der Reitjacke wird ein Turniershirt oder eine Bluse getragen, häufig mit einem weißen Stehkragen oder Plastron. Es sollte aus einem atmungsaktiven und feuchtigkeitsableitenden Material sein.

4. Reithose:

Eine gut sitzende, bequeme Reithose ist entscheidend. Für Turniere sind oft weiße oder beige Reithosen vorgeschrieben. Sie sollten eng anliegen, aber genügend Bewegungsfreiheit bieten.

5. Reitstiefel:

Hohe Reitstiefel aus Leder oder synthetischem Material sind notwendig. Sie bieten Halt und Schutz für das Bein und sorgen für eine korrekte Fußstellung im Steigbügel. Die Stiefel sollten sauber und poliert sein.

6. Handschuhe:

Reithandschuhe bieten besseren Halt und schützen die Hände vor Reibung. Sie sollten gut sitzen und aus einem griffigen Material bestehen.

7. Sicherheitsweste (bei Bedarf):

In Disziplinen wie Vielseitigkeit oder Geländeritten ist das Tragen einer Sicherheitsweste Pflicht. Sie schützt den Oberkörper bei Stürzen und sollte den Sicherheitsstandards entsprechen.

Ausrüstung für das Pferd

1. Sattel:

Der Sattel muss gut passen und für die spezifische Disziplin geeignet sein, sei es Dressur, Springen oder Vielseitigkeit. Ein schlecht sitzender Sattel kann zu Unbehagen und gesundheitlichen Problemen führen.

2. Satteldecke:

Eine spezielle Turnier-Satteldecke ist oft vorgeschrieben. Sie sollte gut passen, atmungsaktiv sein und Feuchtigkeit ableiten. Dressur- und Springreitern sind in der Regel weiße Satteldecken vorgeschrieben.

3. Zaumzeug:

Das Zaumzeug muss gut passen und aus hochwertigem Material bestehen. Es sollte regelmäßig auf Abnutzung überprüft und gepflegt werden. Je nach Disziplin können spezifische Anforderungen an Gebisse und Nasenriemen gestellt werden.

4. Gamaschen und Bandagen:

Zum Schutz der Pferdebeine werden Gamaschen oder Bandagen verwendet, besonders in Spring- und Vielseitigkeitsprüfungen. Sie sollten gut passen und korrekt angelegt werden.

5. Martingal oder Hilfszügel (falls erlaubt):

In manchen Disziplinen sind bestimmte Hilfszügel erlaubt, die das Pferd in der richtigen Kopf- und Halsposition unterstützen. Es ist wichtig, die Turniervorschriften zu kennen.

6. Turnierschabracke:

Eine spezielle Turnierschabracke wird unter dem Sattel verwendet. Sie sollte gut passen, sauber und oft in der Turnierfarbe (meist weiß) sein.

7. Hufschutz:

Hufeisen oder Hufschuhe schützen die Hufe des Pferdes vor Abnutzung und Verletzungen. Bei Springturnieren sind Hufglocken oft vorgeschrieben, um die

Pferdeanhänger.

Ballen zu schützen.

Pferdeanhänger und Transportausrüstung

1. Pferdeanhänger:

Der Pferdeanhänger sollte in gutem Zustand und für den sicheren Transport von Pferden geeignet sein. Er muss regelmäßig gewartet und überprüft werden.

2. Transportgamaschen und -decke:

Transportgamaschen schützen die Beine des Pferdes während des Transports. Eine Transportdecke kann verwendet werden, um das Pferd bei kaltem Wetter warm zu halten.

3. Heunetz:

Ein Heunetz im Anhänger sorgt dafür, dass das Pferd während der Fahrt Zugang zu Futter hat und ruhig bleibt.

4. Wasservorrat:

Ausreichend Wasser für das Pferd ist wichtig, sowohl für den Transport als auch für die Zeit auf dem Turniergelände.

Weitere nützliche Ausrüstung

1. Erste-Hilfe-Set für Pferd und Reiter:

Ein gut bestücktes Erste-Hilfe-Set ist unerlässlich. Es sollte Verbandsmaterial, Desinfektionsmittel, Schmerzmittel und andere wichtige Utensilien enthalten.

2. Putzzeug:

Eine vollständige Putzkiste mit Bürsten, Kämmen, Schwämmen und Hufauskratzern ist notwendig, um das Pferd vor dem Turnier gründlich zu pflegen.

3. Eimer und Schwämme:

Eimer und Schwämme sind praktisch für das Waschen des Pferdes und für die Wasserversorgung.

4. Longierausrüstung:

Longierleine und Longierpeitsche können nützlich sein, um das Pferd vor dem Wettkampf aufzuwärmen.

5. Hufpflegeprodukte:

Huföl oder Hufbalsam hält die Hufe in gutem Zustand. Ein Hufauskratzer ist ebenfalls notwendig, um Schmutz und Steine zu entfernen.

Fazit

Die Teilnahme an einem Reitturnier erfordert eine gründliche Vorbereitung und die richtige Ausrüstung für sowohl den Reiter als auch das Pferd.

Von der Kleidung des Reiters über die spezielle Ausrüstung des Pferdes bis hin zum Pferdeanhänger – jedes Detail zählt, um sicherzustellen, dass beide optimal vorbereitet sind.

Eine gute Vorbereitung und die richtige Ausrüstung tragen nicht nur zur Sicherheit und zum Wohlbefinden bei, sondern können auch den Unterschied zwischen einem durchschnittlichen und einem erfolgreichen Turnierauftritt ausmachen.

Springturnier.

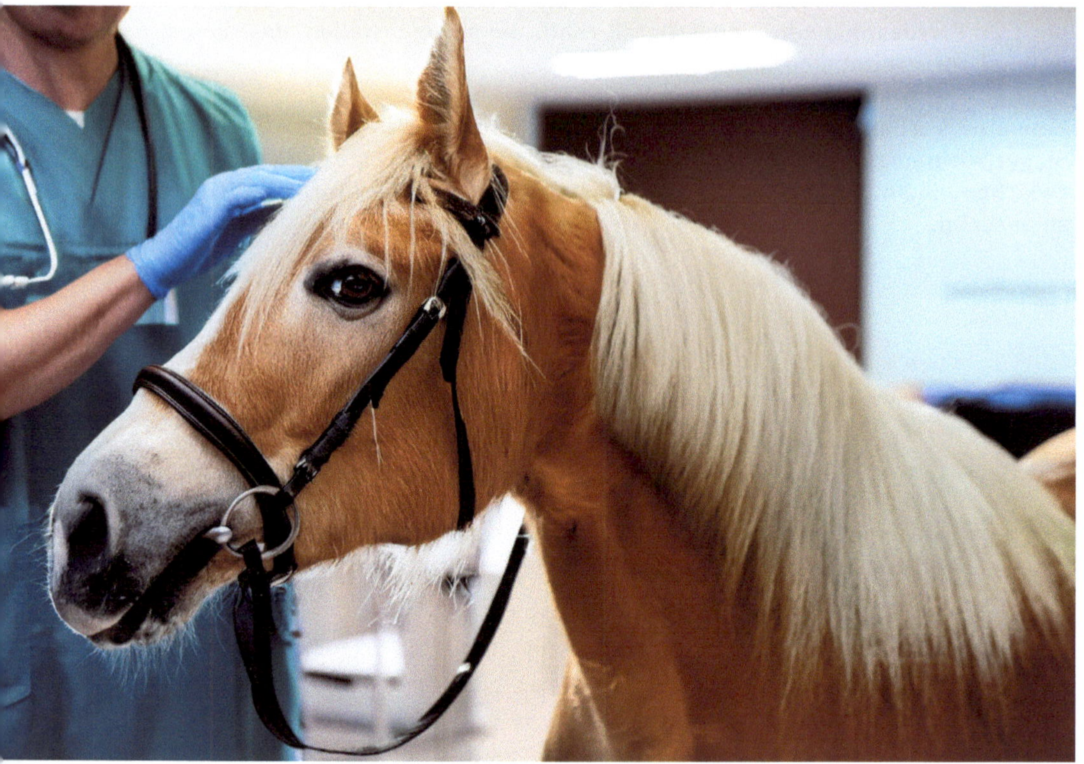

DIE GESUNDHEIT IHRES PFERDES

Pferde können von einer Vielzahl von Krankheiten betroffen sein, die von leicht behandelbaren Beschwerden bis hin zu schweren Erkrankungen reichen, die ernsthafte gesundheitliche Auswirkungen haben können.

Es ist für Pferdehalter wichtig, die Symptome dieser Krankheiten zu erkennen und zu verstehen, um schnell und effektiv reagieren zu können.

Im Folgenden werden einige der häufigsten und bedeutendsten Pferdekrankheiten detailliert erläutert.

Kolik

Kolik ist der Überbegriff für Bauchschmerzen bei Pferden und kann verschiedene Ursachen haben, einschließlich Verstopfung, Darmverschlingungen und

Gasaufbau. Symptome können Unruhe, wiederholtes Hinlegen und Aufstehen, Schwitzen und Abwehr beim Berühren des Bauches sein.

Kolik kann lebensbedrohlich sein, wenn sie nicht behandelt wird, da einige Ursachen wie Darmverschlingungen chirurgisch behandelt werden müssen.

Hufrehe (Laminitis)

Hufrehe ist eine Entzündung der lamellaren Strukturen im Huf, die den Hufknochen im Huf halten.

Sie kann durch Überfütterung mit kohlenhydratreicher Nahrung, durch systemische Infektionen, als Nebenwirkung von Medikamenten oder durch übermäßige Belastung ausgelöst werden.

Symptome sind Lahmheit, erhöhte Pulsation der Hufsohle und Schwierigkeiten beim Bewegen. Hufrehe kann zu dauerhaften Schäden am Huf führen und erfordert sofortige tierärztliche Betreuung.

Equine Infektiöse Anämie (EIA)

EIA, auch bekannt als „Swamp Fever", ist eine virale Blutkrankheit, die durch blutsaugende Insekten übertragen wird.

Die Krankheit ist unheilbar und kann zu intermittierendem Fieber, Gewichtsverlust, Anschwellen der Unterbauchorgane und allgemeiner Schwäche führen. Pferde, die positiv auf EIA getestet werden, müssen oft aus der Population entfernt und unter Quarantäne gestellt werden, um eine Ausbreitung des Virus zu verhindern.

Strangles (Druse)

Druse ist eine hochansteckende bakterielle Infektion, die von Streptococcus equi verursacht wird.

Sie ist gekennzeichnet durch abszedierende Lymphknoten, die oft am Kopf und Hals anschwellen, Fieber, Nasenausfluss und Appetitlosigkeit.

Druse kann schwerwiegende Komplikationen wie Bastard-Druse verursachen, bei der die Abszesse in anderen Körperteilen auftreten. Die Krankheit erfordert eine strenge Quarantäne der betroffenen Pferde.

West-Nil-Virus (WNV)

Das West-Nil-Virus ist eine durch Mücken übertragene Erkrankung, die das zentrale Nervensystem von Pferden betrifft.

Symptome umfassen Fieber, Muskelschwäche, Koordinationsprobleme, Zittern und manchmal Lähmungen.

Es gibt Impfstoffe gegen das West-Nil-Virus, die als präventive Maßnahme empfohlen werden, da die Krankheit schwerwiegend sein kann und in einigen Fällen tödlich verläuft.

Equines Cushing-Syndrom (ECS)

Das Equine Cushing-Syndrom, auch bekannt als PPID (Pituitary Pars Intermedia Dysfunction), ist eine Erkrankung, die meist ältere Pferde betrifft und durch eine übermäßige Produktion von ACTH in der Hirnanhangsdrüse verursacht wird.

Symptome sind übermäßiger Durst, vermehrtes Urinieren, Fellveränderungen und allgemeine Hinfälligkeit. Obwohl ECS nicht heilbar ist, kann es mit Medikamenten gut verwaltet werden.

Equine Herpesvirus-Infektionen

Equine Herpesvirus (EHV) Infektionen können respiratorische Erkrankungen, neurologische Störungen und Aborte bei Stuten verursachen.

Die Symptome variieren je nach Virusstamm, können aber Fieber, respiratorische Beschwerden, Lahmheit und in schweren Fällen neurologische Ausfälle umfassen. Impfungen sind verfügbar und werden empfohlen, um die Verbreitung des Virus zu kontrollieren.

Die Kenntnis dieser Krankheiten und ihrer Symptome ist entscheidend für Pferdehalter und -betreuer, um schnelle und effektive Maßnahmen zu ergreifen und so das Leiden der Tiere zu minimieren und ihre Gesundheit zu schützen.

Regelmäßige veterinärmedizinische Kontrollen und vorbeugende Maßnahmen, wie Impfungen und angemessene Hygienepraktiken, sind unerlässlich, um die Verbreitung von Krankheiten zu verhindern und die Gesundheit der Pferde zu erhalten.

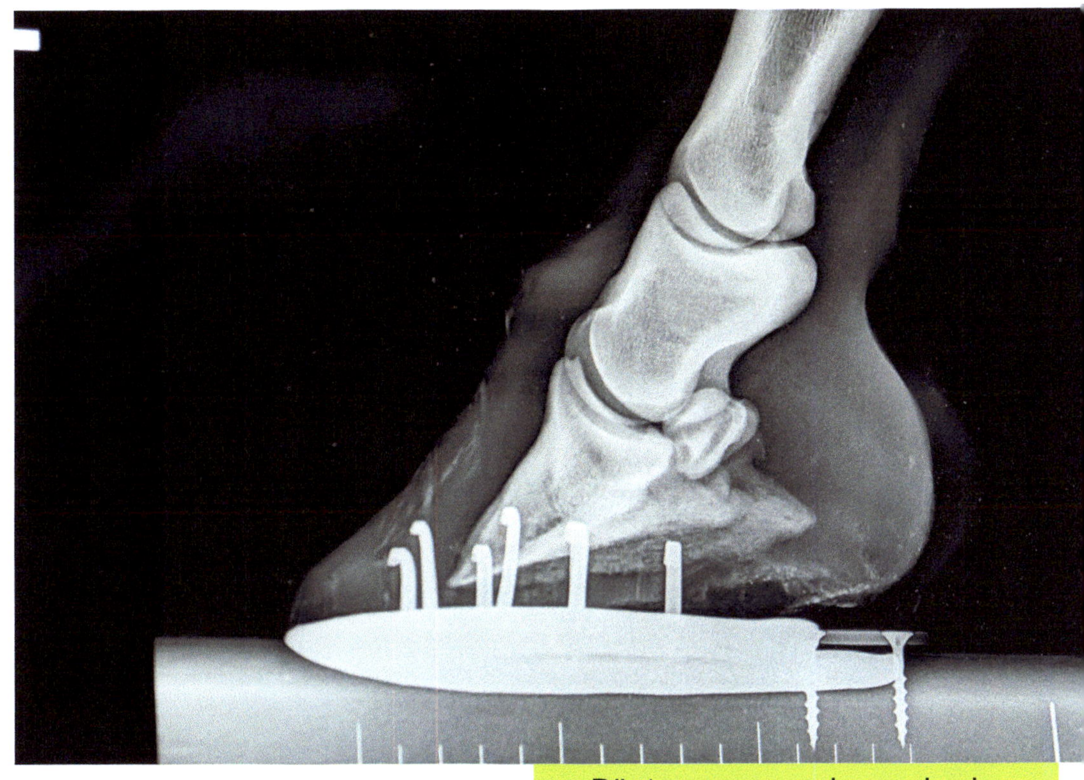

Das Schönste, was Du Deinem Pferd schenken kannst, ist Zeit. Denn damit schenkst Du ihm ein Stück Deines Lebens."

-Verfasser unbekannt-

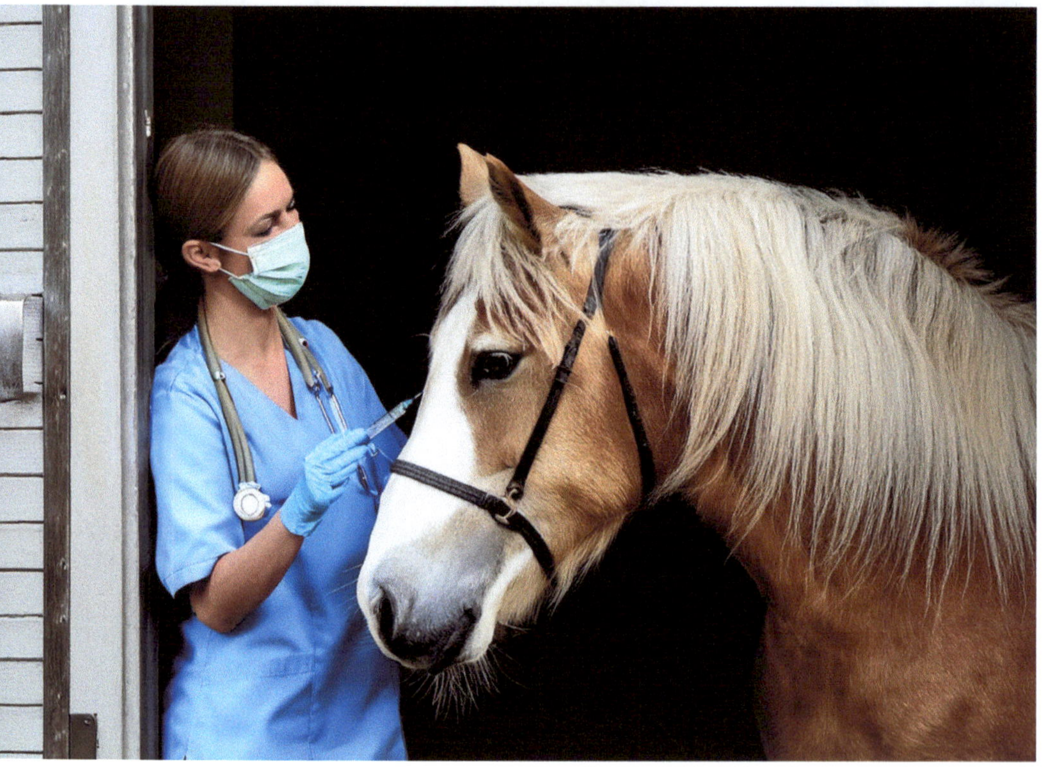

RASSESPEZIFISCHE KRANKHEITEN BEIM HAFLINGER

Der Haflinger gilt allgemein als robust und widerstandsfähig, was ihn zu einem beliebten und langlebigen Partner für viele Reiter und Fahrer macht. Dennoch, wie bei vielen Pferderassen, gibt es auch beim Haflinger einige rassespezifische gesundheitliche Probleme, die besonders beachtet werden sollten.

Equines Metabolisches Syndrom (EMS)
Das Equine Metabolische Syndrom (EMS) ist eine Stoffwechselerkrankung, die bei Haflingern häufiger auftritt als bei anderen Pferderassen. Es zeichnet sich durch eine gestörte Insulinregulation aus, was zu Übergewicht und einer Anfälligkeit für Hufrehe führen kann.

Symptome: Zu den Anzeichen von EMS gehören Fettleibigkeit, insbesondere Fettdepots im Nacken, an der Schulter und an der Schweifrübe. Außerdem zeigt sich eine erhöhte Neigung zu Hufrehe, einer schmerzhaften Erkrankung der Huflederhaut.
Ursachen: Haflinger neigen aufgrund ihrer genetischen Veranlagung und ihres sparsamen Stoffwechsels eher dazu, Gewicht zuzunehmen. Das ist eine natürliche Anpassung an ihre ursprüngliche Umgebung in den Alpen, wo sie sich an eine kalorienarme Ernährung angepasst haben.

Hufrehe (Laminitis)

Hufrehe ist eine schmerzhafte Erkrankung, bei der die Verbindung zwischen der Hufwand und dem Hufbein geschwächt wird, was im schlimmsten Fall zu einer Rotation des Hufbeins führen kann. Haflinger sind aufgrund ihrer Neigung zu EMS und Fettleibigkeit besonders anfällig für diese Erkrankung.
Symptome: Zu den Symptomen von Hufrehe gehören Lahmheit, besonders an den Vorderbeinen, ein vermehrtes Liegen und eine typische Schonhaltung, bei der das Pferd sein Gewicht nach hinten verlagert, um die schmerzenden Hufe zu entlasten.
Ursachen: Die häufigste Ursache für Hufrehe bei Haflingern ist eine falsche Ernährung, insbesondere eine zucker- und stärkehaltige Fütterung. Auch übermäßiges Weiden auf zuckerreichem Gras kann die Erkrankung auslösen.

Polysaccharid-Speicher-Myopathie (PSSM)

Die Polysaccharid-Speicher-Myopathie (PSSM) ist eine genetische Muskelstoffwechselstörung, die bei Haflingern, wenn auch selten, auftreten kann. Pferde mit PSSM haben eine abnorme Speicherung von Glykogen in den Muskeln, was zu Muskelkrämpfen und Steifheit führt.
Symptome: Typische Symptome sind Muskelsteifheit, Bewegungsunlust, Krämpfe und im Extremfall ein Muskelabbau. Oft zeigen betroffene Pferde nach dem Training Anzeichen von Muskelverspannungen oder sogar Bewegungsprobleme.
Ursachen: PSSM wird durch eine genetische Mutation verursacht und ist daher angeboren. Haflinger haben, wenn auch in geringerem Ausmaß als andere Rassen, eine Prädisposition für diese Erkrankung.

Augenerkrankungen: Mondblindheit (ERU)

Die Equine Rezidivierende Uveitis (ERU), auch als Mondblindheit bekannt, ist eine entzündliche Augenerkrankung, die bei Haflingern häufiger vorkommt als bei anderen Pferderassen. Die genaue Ursache ist nicht vollständig ge-

klärt, jedoch wird vermutet, dass genetische Veranlagungen und Autoimmun-
prozesse eine Rolle spielen.
Symptome: Typische Anzeichen einer ERU sind tränende Augen, Lichtempfind-
lichkeit, geschwollene Lider und wiederkehrende Entzündungen des Auges. Im
fortgeschrittenen Stadium kann die Erkrankung zu dauerhaften Schäden oder
sogar zur Erblindung führen.
Ursachen: Neben genetischen Faktoren können auch Infektionen oder Um-
weltfaktoren wie UV-Licht die Entstehung der Mondblindheit begünstigen.

Sommerekzem

Das Sommerekzem ist eine allergische Hauterkrankung, die durch Insektensti-
che, insbesondere von Kriebelmücken, ausgelöst wird. Haflinger, die viel Zeit
im Freien verbringen, sind anfälliger für diese Erkrankung, die vor allem in
den Sommermonaten auftritt.
Symptome: Das Sommerekzem äußert sich durch starken Juckreiz, insbesondere an Mähne, Schweif und Bauch. Die betroffenen Pferde scheuern sich
häufig, was zu offenen Wunden und Infektionen führen kann.
Ursachen: Die allergische Reaktion wird durch den Speichel der stechenden
Insekten ausgelöst, auf den manche Pferde besonders empfindlich reagieren.

Kreuzverschlag

Kreuzverschlag ist eine Muskelkrankheit, die bei Pferden nach längeren Ruhe-
phasen in Verbindung mit körperlicher Belastung auftreten kann. Haflinger
sind aufgrund ihrer kräftigen Muskulatur anfällig für diese Erkrankung, insbesondere wenn sie nach einer Futterpause zu plötzlich wieder stark bean-
sprucht werden.
Symptome: Zu den Symptomen gehören steife Muskeln, Bewegungsunlust,
vermehrtes Schwitzen und Schmerzen. Die Muskulatur im Rücken- und Krup-
penbereich fühlt sich oft hart und verkrampft an.
Ursachen: Kreuzverschlag tritt häufig auf, wenn das Pferd nach einer Ruhe-
pause wieder in intensives Training genommen wird, ohne dass das Futter
entsprechend reduziert wurde.

Trotz ihrer Robustheit und Vielseitigkeit sind Haflinger, wie alle Pferderassen,
nicht vor bestimmten rassespezifischen Krankheiten gefeit. Eine regelmäßige
tierärztliche Betreuung, eine ausgewogene Ernährung und eine artgerechte
Haltung können jedoch dazu beitragen, viele dieser gesundheitlichen Probleme zu minimieren oder ganz zu vermeiden. Indem Sie auf die besonderen
Bedürfnisse Ihres Haflingers eingehen, können Sie sicherstellen, dass er ein
langes, gesundes und glückliches Leben führt.

„In traurigen Momenten sind es oft unsere Pferde, die einfach nur da sind und Trost spenden."

Gabriele Dietrich

LANGFRISTIGE PFLEGE UND MANAGEMENT

Die langfristige Pflege und das Management von Haflingern erfordern ein tiefes Verständnis ihrer spezifischen Bedürfnisse über ihre gesamte Lebensspanne hinweg.

Besonders der Umgang mit älteren Haflingern stellt besondere Herausforderungen dar, sowohl in Bezug auf das Gesundheitsmanagement als auch hinsichtlich altersgerechter Aktivitäten.

Zudem sind finanzielle Überlegungen und die Planung für die Zukunft wesentliche Aspekte, die verantwortungsbewusste Pferdebesitzer berücksichtigen müssen.

Umgang mit älteren Haflingern:

Gesundheitsmanagement und altersgerechte Aktivitäten
Gesundheitsmanagement:
Ältere Haflinger, die oft als solche betrachtet werden, die das Alter von 20 Jahren überschritten haben, benötigen eine angepasste medizinische Betreuung. Regelmäßige tierärztliche Untersuchungen sind entscheidend, um altersbedingte Probleme frühzeitig zu erkennen und zu behandeln.

Zahnfürsorge:
Ältere Haflinger neigen zu Zahnproblemen, die das Kauen erschweren können. Regelmäßige Kontrollen durch einen Pferdezahnarzt sind wichtig, um sicherzustellen, dass das Pferd problemlos fressen kann und keine Zahnprobleme entwickelt.

Ernährungsmanagement:
Mit zunehmendem Alter können Haflinger Schwierigkeiten haben, ihr Gewicht zu halten. Ihre Ernährung muss möglicherweise angepasst werden, um leicht verdauliche Futtermittel bereitzustellen, die reich an essentiellen Nährstoffen sind. Seniorenmischungen und Heucobs können eine gute Ergänzung sein.

Bewegungsprogramm:
Regelmäßige, leichte Bewegung ist wichtig, um die Gelenke beweglich zu halten und die Muskulatur zu stärken. Spaziergänge, sanfte Reitübungen oder Bodenarbeit sollten an die individuelle Gesundheit und den Komfort des Pferdes angepasst werden, um Überanstrengung zu vermeiden.

Altersgerechte Aktivitäten:
Auch ältere Haflinger profitieren von geistiger und körperlicher Stimulation, aber ihre Aktivitäten sollten an ihre körperlichen Fähigkeiten angepasst werden.

Leichte Arbeit:
Ältere Haflinger können weiterhin an sanften Reitübungen, Spaziergängen oder einfacher Bodenarbeit teilnehmen. Solche Aktivitäten helfen, die Mobilität zu erhalten und den Geist des Pferdes aktiv zu halten.

Soziale Interaktion:
Der Kontakt zu anderen Pferden und Menschen ist für ältere Haflinger wichtig, da soziale Interaktion die Lebensqualität steigert und Einsamkeit oder Depressionen vorbeugt.
Regelmäßige Gesellschaft mit Artgenossen kann das Wohlbefinden enorm

fördern.

Planung für die Zukunft: Finanzielle Überlegungen und Verantwortung

Finanzielle Planung:
Die Kosten für die Pflege eines älteren Haflingers können mit zunehmendem Alter steigen, insbesondere durch höhere medizinische Ausgaben. Eine vorausschauende finanzielle Planung ist daher essentiell, um sicherzustellen, dass das Pferd weiterhin gut versorgt werden kann.

Versicherung:
Es ist ratsam, über eine spezielle Pferdeversicherung für ältere Pferde nachzudenken, um potenzielle medizinische Kosten abzudecken. Diese Versicherungen können helfen, unerwartete Ausgaben im Krankheitsfall zu bewältigen.

Rücklagenbildung:
Rücklagen für unvorhergesehene Ausgaben, wie Notfallbehandlungen oder spezielle Pflegemaßnahmen, sind wichtig. Diese finanzielle Vorsorge stellt sicher, dass das Pferd auch in schwierigen Zeiten die bestmögliche Pflege erhält.

Zukunftsplanung:
Langfristige Pläne für die Betreuung eines älteren Haflingers sind unerlässlich. Es sollte bedacht werden, wer die Verantwortung für das Pferd übernimmt, wenn der Besitzer dazu nicht mehr in der Lage ist.

Testament und Nachlassplanung:
Es ist sinnvoll, das Pferd in die eigene Nachlassplanung einzubeziehen, um sicherzustellen, dass es auch nach dem Ableben des Besitzers gut versorgt ist. So kann gewährleistet werden, dass das Pferd weiterhin ein gutes Leben führt.

Suche nach einem Lebensplatz: Möglicherweise möchten Sie frühzeitig nach einem passenden Lebensplatz für Ihren Haflinger suchen, an dem er seinen Lebensabend verbringen kann. Pferdehöfe, die sich auf ältere Pferde spezialisiert haben, bieten oft ein ideales Umfeld für die letzten Jahre.

Fazit

Die langfristige Pflege und das Management eines Haflingers erfordern eine sorgfältige Planung und Anpassung der Pflegepraktiken an die sich ändernden Bedürfnisse des Pferdes im Laufe seines Lebens.

Besonders bei älteren Haflingern ist es wichtig, regelmäßige Gesundheits-checks durchzuführen, altersgerechte Aktivitäten anzubieten und frühzeitig finanzielle Vorsorge zu treffen.

Mit der richtigen Vorbereitung und Hingabe können ältere Haflinger ein komfortables und erfülltes Leben führen, das von Fürsorge und Würde geprägt ist. Indem man die Bedürfnisse des alternden Pferdes berücksichtigt und die Verantwortung für seine Pflege ernst nimmt, stellt man sicher, dass der Haflinger auch in seinen späteren Jahren glücklich und gesund bleibt.

DIE KULTURELLE BEDEUTUNG DES HAFLINGERS HEUTE

Der Haflinger ist weit mehr als nur eine Pferderasse – er ist ein lebendiges Symbol der Tradition, Kultur und Geschichte, besonders in den Alpenregionen. Ursprünglich in den Tälern Südtirols gezüchtet, hat der Haflinger im Laufe der Jahrhunderte eine tief verwurzelte Bedeutung in den ländlichen Gemeinschaften dieser Region erlangt.

Heute, trotz des technologischen Fortschritts und der Mechanisierung, spielt der Haflinger sowohl in der landwirtschaftlichen als auch in der kulturellen Landschaft eine wesentliche Rolle. Seine Bedeutung geht über seine Fähigkeiten als Arbeitspferd hinaus und umfasst Aspekte der Identität, des Tourismus und der Gemeinschaftspflege.

Symbol der alpenländischen Kultur

Der Haflinger ist eng mit der Geschichte und den Traditionen der Alpenregionen verbunden. In Südtirol, Österreich und anderen Teilen der Alpen gilt der Haflinger als Symbol für die ländliche Kultur und die bäuerliche Lebensweise. Früher war der Haflinger unverzichtbar für die Bauern, die ihn für den Transport von Lasten und die Arbeit auf den steilen Berghängen nutzten. Seine Trittsicherheit, Kraft und Ausdauer machten ihn zum idealen Partner in den anspruchsvollen Gebieten der Alpen.
Heute wird der Haflinger immer noch als Symbol der Verbundenheit zur Natur und zur landwirtschaftlichen Tradition betrachtet. Bei vielen traditionellen Festen und Umzügen in Südtirol oder Tirol werden Haflinger stolz präsentiert, oft in traditionellem Geschirr und mit kunstvoll geflochtenen Mähnen. Diese Veranstaltungen verdeutlichen den hohen kulturellen Stellenwert, den der Haflinger bis heute in der Region innehat.

Der Haflinger im Tourismus

Ein weiterer Bereich, in dem der Haflinger von großer Bedeutung ist, ist der Tourismus. In Regionen wie Südtirol und den österreichischen Alpen ist der Haflinger zu einer touristischen Attraktion geworden. Touristen aus aller Welt kommen, um diese schönen, goldfarbenen Pferde zu sehen und selbst Ausritte durch die beeindruckende Landschaft der Alpen zu erleben.
Viele Reiterhöfe und Tourismusbetriebe bieten Haflinger-Wanderungen, Kutschfahrten und Reitkurse an, die es Besuchern ermöglichen, die majestätische Natur auf dem Rücken eines Haflingers zu erkunden. Diese Aktivitäten stärken nicht nur die regionale Wirtschaft, sondern bewahren auch das Erbe der Pferderasse, indem sie moderne Nutzungsformen mit traditionellen Praktiken verbinden.

Der Haflinger als Freizeit- und Sportpferd

Neben seiner traditionellen Rolle hat sich der Haflinger heute auch als beliebtes Freizeit- und Sportpferd etabliert. Seine freundliche Natur, seine Lernfreudigkeit und seine Vielseitigkeit machen ihn zu einem idealen Pferd für Reiter aller Altersgruppen und Erfahrungsstufen. Ob in der Dressur, beim Springreiten, im Fahrsport oder einfach als Freizeitpartner für lange Ausritte – der Haflinger hat sich in vielen Bereichen des Pferdesports bewährt.
Diese Vielseitigkeit hat den Haflinger international bekannt gemacht. Heute findet man Haflinger nicht nur in Europa, sondern auch in Nordamerika, Australien und anderen Teilen der Welt, wo sie als Reit- und Fahrpferde sehr geschätzt werden.

Zahlreiche Zuchtverbände fördern den Haflinger weltweit, und internationale Wettbewerbe und Veranstaltungen tragen dazu bei, die Rasse weiter bekannt zu machen.

Der Haflinger in der Therapiearbeit

Neben seiner sportlichen Bedeutung hat der Haflinger auch einen besonderen Platz in der Therapiearbeit gefunden. Dank seines ausgeglichenen und sanften Charakters wird er häufig in der tiergestützten Therapie eingesetzt, um Menschen mit körperlichen, geistigen oder emotionalen Beeinträchtigungen zu helfen. Seine freundliche, menschenbezogene Art macht ihn zum idealen Partner für Reittherapien, bei denen der Kontakt zu den Pferden eine beruhigende und heilende Wirkung haben kann.
In vielen therapeutischen Reitzentren werden Haflinger gezielt eingesetzt, um Kinder und Erwachsene zu unterstützen. Durch ihre Geduld und ihre Anpassungsfähigkeit tragen sie dazu bei, das Selbstvertrauen der Patienten zu stärken und körperliche sowie geistige Fähigkeiten zu fördern. Dies unterstreicht einmal mehr den breiten Nutzen der Rasse und ihre anhaltende kulturelle Relevanz in modernen Kontexten.

Bewahrung der Tradition durch Zucht und Ausbildung

Die Zucht von Haflingern hat auch heute noch eine wichtige kulturelle Bedeutung. In Ländern wie Österreich, Italien und Deutschland gibt es strenge Zuchtstandards, die die Reinheit und Qualität der Rasse sicherstellen sollen. Die jährlichen Zuchtprüfungen und Prämierungen sind wichtige Ereignisse, bei denen Züchter aus verschiedenen Regionen zusammenkommen, um die besten Vertreter der Rasse zu präsentieren.
In vielen Familien wird die Haflingerzucht über Generationen weitergegeben, was die enge Verbindung zwischen Mensch und Tier in diesen ländlichen Regionen verdeutlicht. Die Ausbildung von Haflingern beginnt oft schon in jungen Jahren, und viele Züchter legen großen Wert darauf, die Pferde sowohl für traditionelle Arbeiten als auch für den modernen Reitsport auszubilden.

Kulturelle Veranstaltungen und Wettbewerbe

Rund um den Haflinger haben sich viele kulturelle Veranstaltungen und Wettbewerbe entwickelt, die heute fester Bestandteil der lokalen Kultur in den Alpenregionen sind. Beispielsweise gibt es das berühmte Haflinger Galopprennen in Meran, bei dem jährlich die besten Haflinger-Pferde in einem traditionellen Rennen gegeneinander antreten. Solche Veranstaltungen sind nicht nur sportliche Wettkämpfe, sondern auch Ausdruck von Stolz und Tradition.

Bei diesen Wettbewerben wird die enge Beziehung zwischen den Menschen und den Haflingern gefeiert. Auch Zuchtschauen, bei denen die besten Haflin-

ger prämiert werden, sind ein wichtiger Teil des kulturellen Kalenders vieler Regionen. Diese Events sind oft Höhepunkte für die lokale Bevölkerung und tragen zur Pflege des kulturellen Erbes bei.

Fazit

Der Haflinger hat sich im Laufe der Zeit von einem Arbeitspferd zu einem Symbol für Tradition, Identität und Vielseitigkeit entwickelt. Heute ist er nicht nur ein wertvoller Teil der ländlichen Kultur, sondern auch ein wichtiger Akteur im Tourismus, Sport und der Therapiearbeit.
Durch seine sanfte Natur, seine Anpassungsfähigkeit und seine vielseitigen Einsatzmöglichkeiten bleibt der Haflinger auch in der modernen Welt kulturell bedeutend. Die Pflege und Bewahrung dieser Rasse spiegelt den Respekt gegenüber einer jahrhundertealten Tradition wider, die sich in einer modernen Welt bewährt hat und weiterhin tief in der alpinen Kultur verankert ist.

DER HAFLINGER ALS IDEALER PARTNER FÜR JUNGE REITER

Die Beziehung zwischen Kind und Pferd ist eine ganz besondere, die von Vertrauen, Respekt und gemeinsamen Erlebnissen geprägt ist.

Für viele Kinder ist der Umgang mit Pferden eine wertvolle Erfahrung, die ihre emotionale, soziale und körperliche Entwicklung positiv beeinflusst.

In diesem Zusammenhang gilt der Haflinger als eine der besten Pferderassen für junge Reiter.

Seine freundliche, geduldige Art und seine vielseitigen Einsatzmöglichkeiten machen ihn zu einem idealen Begleiter für Kinder, sowohl beim Reiten als auch im täglichen Umgang.

Der Haflinger: Ein sanfter Charakter

Haflinger sind bekannt für ihr ausgeglichenes und gutmütiges Wesen. Diese Pferde haben ein ruhiges Temperament, sind menschenbezogen und sehr geduldig, was sie zu idealen Partnern für Kinder macht.

Freundlichkeit und Geduld: Haflinger reagieren auf Kinder mit einer besonderen Sanftmut. Sie sind geduldig und nachsichtig, was besonders im Umgang mit unerfahrenen Reitern von Vorteil ist. Kinder, die noch lernen, wie man mit Pferden umgeht, können sich sicher fühlen, weil der Haflinger selbst in hektischen oder ungewohnten Situationen ruhig bleibt.

Sicherheit: Haflinger sind bekannt für ihre Zuverlässigkeit und Trittsicherheit. Selbst auf unebenem Gelände oder bei Spaziergängen im Freien bleiben sie gelassen und sorgen für ein sicheres Reiterlebnis. Diese Verlässlichkeit ist besonders wichtig, wenn es darum geht, Kindern das Reiten und den Umgang mit Pferden beizubringen.

Lernbegleiter im Reitunterricht

Der Haflinger eignet sich hervorragend als Reitpferd für Kinder, die ihre ersten Erfahrungen im Reitsport sammeln möchten. Ob es um den Anfang auf dem Longenzirkel, die ersten Schritte im Gelände oder den Einstieg in den Reitsport geht – der Haflinger ist ein treuer Begleiter, der das Lernen erleichtert.

Lernfreude und Kooperation: Haflinger sind intelligente Pferde, die schnell lernen und bereitwillig mitarbeiten. Im Reitunterricht passen sie sich gut an die Fähigkeiten des Kindes an und reagieren auf klare Anweisungen.

Ihre Lernfreude und Kooperationsbereitschaft helfen Kindern, Selbstvertrauen im Sattel zu entwickeln.

Anpassungsfähigkeit: Ob bei einfachen Übungen auf dem Reitplatz oder bei ersten Lektionen in der Dressur – der Haflinger zeigt sich in verschiedenen Disziplinen als vielseitiges Pferd.

Durch seine Anpassungsfähigkeit können Kinder mit dem Haflinger in einer Vielzahl von Reitstilen üben, was das Erlernen der Grundlagen erleichtert und den Spaßfaktor erhöht.

Verantwortung und Fürsorge im Umgang

Der Umgang mit einem Pferd lehrt Kinder wertvolle Lektionen in Bezug auf
Verantwortung, Fürsorge und Disziplin. Haflinger sind großartige Partner, um
Kindern diese wichtigen Fähigkeiten näherzubringen.

Tägliche Pflege: Die Pflege eines Pferdes, wie das Putzen, Hufe auskratzen
und das Füttern, vermittelt Kindern Verantwortungsbewusstsein. Haflinger
haben eine pflegeleichte Natur, und ihre robusten Körper sowie ihr unkompli-
ziertes Langhaar machen die tägliche Pflege für Kinder zu einer angenehmen
Aufgabe.

Bindung aufbauen: Der enge Kontakt zu einem Haflinger fördert die emotionale Bindung zwischen Kind und Pferd. Diese Beziehung kann das Selbstbe-
wusstsein des Kindes stärken und ein tiefes Gefühl der Zufriedenheit schaffen. Das Vertrauen, das durch den regelmäßigen Kontakt und die Fürsorge
aufgebaut wird, wirkt sich positiv auf die emotionale Entwicklung des Kindes
aus.

Pferdesport für Kinder: Haflinger im Wettbewerb

Für Kinder, die über das Freizeit- oder Reitschulreiten hinausgehen möchten,
bieten Haflinger auch im sportlichen Bereich zahlreiche Möglichkeiten. Haflinger sind in vielen Disziplinen des Pferdesports aktiv und bieten somit eine
gute Grundlage für junge Reiter, die sich im Sport weiterentwickeln möchten.

Dressur und Springen: Haflinger zeigen ihr Talent sowohl in der Dressur als
auch im Springreiten. Sie sind lernwillig und zuverlässig, was sie zu perfekten Begleitern für Kinder macht, die sich in diesen Disziplinen ausprobieren
möchten.

Fahrsport: Auch im Fahrsport sind Haflinger beliebte Pferde. Besonders für
Kinder, die den Fahrsport kennenlernen wollen, bieten Haflinger eine stabile
und verlässliche Basis, um erste Erfahrungen mit Kutschenfahrten zu sammeln.

Therapeutisches Reiten mit Haflingern

Ein weiterer Bereich, in dem Haflinger eine wichtige Rolle spielen, ist das
therapeutische Reiten. Dank ihres ruhigen Wesens und ihrer Menschenbezo-
genheit sind Haflinger besonders gut für Reittherapien geeignet. Diese Art
der Therapie hat sich als sehr hilfreich erwiesen, um Kindern mit körperlichen

oder emotionalen Herausforderungen zu helfen.

Emotionale Unterstützung: Der sanfte Charakter der Haflinger trägt dazu bei, dass Kinder in der Therapiearbeit Vertrauen aufbauen und sich sicher fühlen. Dies ist besonders wichtig für Kinder mit Ängsten oder Verhaltensstörungen, die durch den Kontakt mit dem Pferd positive emotionale Erfahrungen machen können.

Körperliche Förderung: Therapeutisches Reiten kann Kindern mit körperlichen Beeinträchtigungen helfen, ihre motorischen Fähigkeiten zu verbessern. Der Bewegungsablauf des Pferdes hat eine stimulierende Wirkung auf den Körper des Kindes, was zu einer besseren Körperkoordination und Muskelstärkung führen kann.

Spaß und Abenteuer im Gelände

Für viele Kinder ist der Höhepunkt des Reitens der Ausritt ins Gelände, und auch hier ist der Haflinger ein idealer Partner. Seine Trittsicherheit und Gelassenheit machen ihn zum perfekten Pferd für Erkundungstouren in der Natur.

Abenteuer erleben: Haflinger sind ausdauernd und lieben es, draußen zu sein, was sie zu tollen Begleitern für lange Ausritte oder Familienwanderungen macht. Kinder können so nicht nur die Grundlagen des Reitens erlernen, sondern auch die Natur auf dem Rücken eines vertrauenswürdigen Pferdes erleben.

Sicherheit im Gelände: Haflinger sind besonders trittsicher, was sie zu idealen Pferden für Geländeausritte macht. Dies gibt Kindern und Eltern ein zusätzliches Gefühl der Sicherheit, wenn sie gemeinsam neue Strecken erkunden.

Fazit

Der Haflinger ist die perfekte Pferderasse für Kinder, die das Reiten lernen und eine enge Bindung zu einem Pferd aufbauen möchten. Seine freundliche und geduldige Natur, gepaart mit seiner Vielseitigkeit im Reitsport, machen ihn zu einem idealen Begleiter für junge Reiter. Ob im Freizeitbereich, im Sport oder bei der täglichen Pflege – der Haflinger bietet Kindern die Möglichkeit, wichtige Lebenslektionen zu lernen, Vertrauen aufzubauen und die Freude am Umgang mit Pferden zu entdecken. Mit einem Haflinger an ihrer Seite können Kinder nicht nur ihre Fähigkeiten im Sattel verbessern, sondern auch wertvolle Erfahrungen für ihr Leben sammeln.

IHR PFERD UND DIE ANDEREN TIERE

Das Zusammenleben eines Pferdes mit anderen Haustieren kann eine bereichernde Erfahrung sowohl für die Tiere als auch für ihre Besitzer sein.

Pferde sind in der Regel soziale Wesen, die sich oft gut mit anderen Tieren verstehen, vorausgesetzt, die Einführung und das Zusammenleben werden sorgfältig gemanagt.

Hier finden Sie Tipps und wichtige Überlegungen, um ein harmonisches Zusammenleben zwischen Ihrem Pferd und anderen Haustieren wie Hunden, Katzen und sogar Nutztieren zu fördern.

Vorbereitung und Einführung

Einführungsphase:

Die Einführung neuer Tiere sollte schrittweise und kontrolliert erfolgen.

Pferde können empfindlich auf Veränderungen in ihrer Umgebung reagieren, und plötzliche Begegnungen können Stress oder sogar aggressive Reaktionen auslösen.

Beginnen Sie mit kurzen, kontrollierten Treffen, die es den Tieren ermöglichen, sich an die Anwesenheit und Gerüche des anderen zu gewöhnen, ohne direkten Kontakt zu erzwingen.

Training und Sozialisierung:

Stellen Sie sicher, dass sowohl das Pferd als auch die anderen Haustiere grundlegende Befehle verstehen und befolgen können, besonders wenn es darum geht, auf Distanz zu bleiben oder ruhig zu bleiben.

Dies ist besonders wichtig bei Hunden, da diese oft impulsiv reagieren können.

Ein gut trainierter Hund, der auf Kommandos wie „Sitz", „Bleib" oder „Komm" hört, ist einfacher zu managen und stellt ein geringeres Risiko für das Pferd und sich selbst dar.

Sicherheit für alle Tiere:

Überprüfen Sie den Zaun und die Stallungen auf Sicherheitslücken, die kleineren Haustieren das Eindringen in Pferdeboxen oder Paddocks ermöglichen könnten.

Pferde können in einem Moment der Panik oder Irritation schwere Verletzungen verursachen, selbst wenn keine böse Absicht besteht.

Tägliches Management und Interaktion

Fütterungszeiten:

Es ist ratsam, die Fütterungszeiten der Tiere zu trennen, um Futterneid oder Konkurrenz zu vermeiden.

Pferde und andere Haustiere sollten an separaten Plätzen gefüttert werden, um Konflikte und Stress zu vermeiden.

Gemeinsame Aktivitäten:

Unter Aufsicht können gemeinsame Aktivitäten wie Spaziergänge auf dem Hof oder in der Umgebung dazu beitragen, die Bindung zwischen den Tieren zu stärken.

Es ist jedoch wichtig, stets auf die Körpersprache und das Verhalten der Tiere zu achten und bei Anzeichen von Stress oder Unbehagen einzugreifen.

Gesundheitsüberwachung:

Achten Sie darauf, dass alle Tiere regelmäßig tierärztlich untersucht werden und frei von Parasiten sind, besonders, wenn sie den gleichen Lebensraum teilen.

Dies hilft, die Übertragung von Krankheiten zu verhindern und sicherzustellen, dass alle Tiere gesund bleiben.

Besondere Überlegungen für spezifische Tiere

Hunde:

Hunde sind wahrscheinlich die häufigsten Begleiter von Pferden und können großartige Stallkameraden sein.

Es ist wichtig, dass Hunde lernen, nicht hinter oder um die Pferde herumzurennen, da dies das Pferd erschrecken und zu gefährlichen Situationen führen kann.

Katzen:

Katzen und Pferde kommen oft gut miteinander aus. Katzen können Mäuse und andere Schädlinge in Scheunen oder Ställen jagen und helfen, das Gleichgewicht zu halten.
Stellen Sie jedoch sicher, dass die Katzen gesund sind und keine Krankheiten auf die Pferde übertragen können.

Nutztieren:
Schafe, Ziegen und sogar Hühner können sich oft mit Pferden anfreunden.

Diese Tiere können ebenfalls von einer geselligen Atmosphäre profitieren und zur allgemeinen Stimmung in einer Scheune oder auf einer Weide beitragen.

Das Zusammenleben von Pferden mit anderen Haustieren kann eine freudige und harmonische Erfahrung sein, wenn es richtig gemanagt wird.

Durch sorgfältige Einführung, angemessenes Training und ständige Überwachung können Pferde und andere Haustiere sicher und gesund zusammenleben.

Dies bereichert nicht nur das Leben der Tiere, sondern auch das ihrer Besitzer.

DIE GRUNDLAGE FÜR EINFACH ALLES.

Die Grundlagen der Pferdernährung: Ein Leitfaden für gesunde Pferde

Die Fütterung von Haflingern erfordert besondere Aufmerksamkeit und Sorgfalt, um ihre Gesundheit und Leistungsfähigkeit zu gewährleisten. Aufgrund ihrer imposanten Erscheinung, ihres kräftigen Körperbaus und ihrer einzigartigen Bedürfnisse ist es wichtig, die Fütterungsgewohnheiten an die spezifischen Anforderungen dieser edlen Rasse anzupassen.

Hier sind die Besonderheiten bei der Fütterung von Haflinger:

Hoher Energiebedarf

Haflinger haben aufgrund ihres muskulösen Körperbaus und ihrer aktiven Nutzung in Disziplinen wie Dressur und Fahrsport einen hohen Energiebedarf.

Es ist wichtig, ihnen eine ausgewogene Ernährung zu bieten, die reich an
Energiequellen ist, um ihren täglichen Bedarf zu decken. Hochwertiges Heu
und energiereiche Futtermittel wie Getreide und pelletierte Rationen sind
entscheidend, um ihre Leistungsfähigkeit zu unterstützen.

Proteinversorgung

Protein ist für den Muskelaufbau und die Erhaltung der Muskelmasse bei
Haflingern unerlässlich. Hochwertige Proteinquellen wie Luzerne, Sojamehl
und spezielle Proteinpellets sollten in die Ernährung integriert werden. Eine
ausreichende Proteinversorgung trägt dazu bei, die Muskelkraft und -ausdau-
er dieser kräftigen Pferde zu erhalten.

Vitamine und Mineralien

Haflinger benötigen eine ausgewogene Zufuhr von Vitaminen und Mineralien, um ihre Gesundheit zu unterstützen. Spezielle Mineralstoffmischungen
und Vitaminpräparate können helfen, den Bedarf zu decken und Mängel zu
vermeiden. Besonders wichtig sind Kalzium und Phosphor für die Knochenge-
sundheit sowie die Vitamine A, D und E für das allgemeine Wohlbefinden.

Fütterungsfrequenz und -menge

Aufgrund ihrer Größe und ihres Stoffwechsels sollten Haflinger häufig und in
kleinen Mengen gefüttert werden. Mehrere kleine Mahlzeiten über den Tag
verteilt helfen, Verdauungsstörungen zu vermeiden und den Blutzuckerspiegel
stabil zu halten. Eine zu große Futtermenge auf einmal kann zu Verdauungs-
problemen und Koliken führen.

Raufutter als Basis

Hochwertiges Heu und Weidegras sollten die Grundlage der Ernährung von
Haflingern bilden. Raufutter fördert die Verdauung und sorgt für eine gleich-
mäßige Energiezufuhr. Es ist wichtig, sicherzustellen, dass das Heu frei von
Schimmel und Staub ist, um Atemwegsprobleme zu vermeiden.

Wasserzufuhr

Ausreichend frisches Wasser ist für Haflinger lebenswichtig. Sie sollten jederzeit Zugang zu sauberem Wasser haben, besonders nach dem Training und bei
heißem Wetter. Eine ausreichende Wasserzufuhr unterstützt die Verdauung
und hilft, Dehydratation zu vermeiden.

Spezielle Futterzusätze

Aufgrund ihrer genetischen Veranlagung können Haflinger anfällig für bestimmte gesundheitliche Probleme wie Hauterkrankungen und Stoffwechselstörungen sein. Spezielle Futterzusätze wie Omega-3-Fettsäuren, Biotin und Antioxidantien können dazu beitragen, die Hautgesundheit zu verbessern und Stoffwechselprobleme zu minimieren.

Kontrolle des Körpergewichts

Haflinger neigen dazu, leicht an Gewicht zuzunehmen, was zu gesundheitlichen Problemen wie Hufrehe führen kann.

Es ist wichtig, das Körpergewicht regelmäßig zu überwachen und die Fütterung entsprechend anzupassen, um eine Überfütterung zu vermeiden.

Ein ausgewogenes Verhältnis von Energiezufuhr und körperlicher Aktivität ist entscheidend, um ein gesundes Gewicht zu halten.

Fazit

Die Fütterung von Haflingern erfordert besondere Aufmerksamkeit und eine sorgfältige Planung, um ihre einzigartigen Bedürfnisse zu erfüllen.

Eine ausgewogene Ernährung, die reich an Energie, Protein, Vitaminen und Mineralien ist, trägt dazu bei, ihre Gesundheit und Leistungsfähigkeit zu erhalten.

Durch die Berücksichtigung der spezifischen Fütterungsanforderungen können Haflinger ihr volles Potenzial entfalten und ein gesundes, aktives Leben führen.

Heuballen.

„Höre auf Dein Pferd und nicht auf das, was andere Menschen sagen…"

-Verfasser unbekannt-

SO SOLL DER HAFLINGER SEIN.

Der Haflinger ist eine Pferderasse, die sich durch ihre charakteristische Erscheinung, ihre robuste Gesundheit und ihr freundliches Wesen auszeichnet. Der Rassestandard beschreibt die idealen körperlichen und charakterlichen Merkmale eines Haflingers, die Züchter und Liebhaber dieser Rasse anstreben. Diese Standards stellen sicher, dass der Haflinger seine einzigartigen Eigenschaften beibehält, die ihn sowohl als Freizeit- als auch als Arbeitspferd so beliebt machen.

Exterieur: Körperbau und Erscheinung
Größe und Proportionen:
Der Haflinger gehört zu den kleineren bis mittelgroßen Pferderassen. Das Stockmaß eines Haflingers sollte zwischen 138 cm und 150 cm liegen. Diese Größenangabe stellt sicher, dass der Haflinger kompakt genug bleibt, um seine Trittsicherheit und Wendigkeit im Gelände zu bewahren, während er

gleichzeitig kräftig genug ist, um als Reit- und Fahrpferd genutzt zu werden.

Körperbau:

Der Haflinger ist für seinen harmonischen und muskulösen Körperbau bekannt. Ein Haflinger sollte gut proportioniert sein, mit einem starken, aber eleganten Körper.

Kopf: Der Kopf des Haflingers ist mittelgroß und trocken, also frei von übermäßiger Fleischmasse. Er sollte ausdrucksstark und edel wirken, mit großen, klaren Augen, die Freundlichkeit und Aufmerksamkeit ausstrahlen. Der Übergang zwischen Stirn und Nasenrücken ist leicht geschwungen, ohne stark ausgeprägte Senkungen oder Erhebungen.

Hals: Der Hals eines Haflingers ist gut geformt, mittellang und muskulös. Er sollte harmonisch in die Schulter übergehen und eine leichte Aufrichtung zeigen. Ein gut geformter Hals ist wichtig für die Tragfähigkeit und die Bewegungsfreiheit des Pferdes.

Schulter und Brust: Die Schulter des Haflingers sollte schräg und gut bemuskelt sein, um eine freie, ausgreifende Bewegung zu ermöglichen. Die Brust ist breit und tief, was auf die Kraft und Ausdauer des Pferdes hinweist.

Rücken und Lendenpartie: Der Rücken des Haflingers ist kurz, stark und gut bemuskelt. Er geht in eine kräftige, gut bemuskelte Lendenpartie über, die die Verbindung zwischen Vorder- und Hinterhand unterstützt und für Tragfähigkeit und Stärke sorgt.

Hinterhand: Die Hinterhand des Haflingers sollte gut ausgebildet und muskulös sein. Sie verleiht dem Pferd die notwendige Antriebskraft für den Reitsport und das Ziehen von Kutschen. Die Kruppe sollte leicht abfallend und muskulös sein.

Beine und Hufe:

Die Beine eines Haflingers sind trocken und korrekt gestellt, mit klar erkennbaren Sehnen und gut ausgebildeten Gelenken. Haflinger sollten stabile, gut geformte Hufe haben, die robust genug sind, um auf verschiedensten Untergründen sicher zu laufen. Die Hufqualität ist bei dieser Rasse besonders wichtig, da Haflinger oft im Gelände eingesetzt werden.

Fellfarbe und Mähne

Der Haflinger zeichnet sich durch seine auffällige gold- bis fuchsfarbene Fellfarbe aus. Diese charakteristische Farbgebung, in Kombination mit der hellen

Mähne und dem Schweif, ist ein Markenzeichen der Rasse.

Fell: Die Fellfarbe des Haflingers variiert von einem hellen, goldenen Fuchs bis hin zu einem dunkleren, kräftigen Kupferton. Kleine weiße Abzeichen am Kopf (wie ein Stern oder eine schmale Blesse) sind erlaubt, sollten aber nicht zu dominant sein.

Mähne und Schweif: Die Mähne und der Schweif des Haflingers sind lang, dicht und in einem hellen, meist weißen oder cremefarbenen Ton. Eine volle, wellige Mähne und ein dichter Schweif sind typisch und verleihen dem Haflinger sein charakteristisches Aussehen.

Bewegungsablauf und Gangarten
Der Haflinger ist bekannt für seine raumgreifenden und gleichmäßigen Gangarten. Der Bewegungsablauf sollte geschmeidig, kraftvoll und federnd sein, mit einem natürlichen Takt und einer guten Vorwärtsbewegung.

Schritt: Der Schritt des Haflingers ist ruhig, raumgreifend und gleichmäßig. Er sollte flüssig und elastisch sein, mit einer aktiven Hinterhand, die gut unter den Schwerpunkt tritt.
Trab: Der Trab sollte ebenfalls taktrein, elastisch und ausbalanciert sein, mit einer aktiven Hinterhand und einem freien Schultervortritt. Der Haflinger sollte im Trab mühelos vorwärts gehen, ohne hastig oder steif zu wirken.
Galopp: Der Galopp des Haflingers ist leicht und gut gesprungen. Er sollte rund und ausbalanciert sein, mit einer natürlichen Aufrichtung und einem aktiven Schub aus der Hinterhand.

Charakter und Temperament
Neben dem körperlichen Exterieur ist der Charakter des Haflingers ein entscheidender Faktor im Rassestandard. Haflinger sind bekannt für ihr freundliches, menschenbezogenes und ausgeglichenes Temperament. Sie sind lernfreudig und arbeitswillig, was sie zu idealen Freizeit- und Sportpferden macht.

Gutmutig und zuverlässig: Haflinger haben eine ausgeprägte Gutmütigkeit, die sie zu hervorragenden Pferden für Kinder, Anfänger und Familien macht. Sie zeichnen sich durch Geduld und Ruhe aus, selbst in stressigen Situationen.

Lernfreudig und kooperativ: Haflinger sind intelligente Pferde, die gerne mit ihrem Menschen arbeiten. Sie sind lernbereit und kooperativ, was sie vielseitig einsetzbar macht – sei es im Reitsport, Fahrsport oder bei der Bodenarbeit.

Trittsicherheit und Ausdauer: Besonders im Gelände zeigt sich die Trittsicherheit des Haflingers, was auf seine Ursprünge in den bergigen Regionen zurückzuführen ist. Haflinger sind ausdauernd und belastbar, was sie zu idealen Pferden für Wander- und Trekkingtouren macht.

Fazit

Der Rassestandard des Haflingers beschreibt ein kräftiges, harmonisch gebautes und vielseitiges Pferd, das sowohl durch seine charakteristische goldene Fellfarbe als auch durch sein freundliches Wesen besticht. Seine Gutmütigkeit, Intelligenz und Lernfreude machen ihn zu einem idealen Begleiter für Reiter aller Alters- und Erfahrungsstufen. Mit seinem eleganten, aber kraftvollen Körperbau, seinen geschmeidigen Gangarten und seiner zuverlässigen Natur erfüllt der Haflinger die hohen Anforderungen einer Pferderasse, die sowohl in der Freizeit als auch im Sport und bei der Arbeit überzeugt.

DIE ZUCHT UND DIE ZUCHTMETHODEN VON HAFLINGERN

Die Zucht des Haflingers blickt auf eine lange und traditionsreiche Geschichte zurück, die tief in den Alpenregionen verwurzelt ist. Ursprünglich als robustes Gebirgspferd gezüchtet, hat sich der Haflinger zu einer der beliebtesten Pferderassen weltweit entwickelt. Dabei spielen die Zuchtmethoden eine entscheidende Rolle, um die charakteristischen Merkmale, die Gesundheit und das Temperament der Rasse zu bewahren. Die Zuchtstandards für Haflinger sind streng, um sicherzustellen, dass die einzigartigen Eigenschaften der Rasse, wie ihr goldfarbiges Fell, ihre Vielseitigkeit und ihr ausgeglichenes Wesen, erhalten bleiben.

Ziel der Haflingerzucht
Das Hauptziel der Haflingerzucht besteht darin, Pferde zu züchten, die den

festgelegten Rassestandards entsprechen und die typischen Merkmale dieser Pferderasse bewahren. Diese Ziele umfassen:

Typ und Exterieur: Der Haflinger soll harmonisch gebaut, gut proportioniert und von mittlerer Größe sein. Der typische Haflinger hat ein gold- bis fuchs- farbenes Fell, eine helle Mähne und einen kräftigen Körperbau. Eine gut ausgebildete Muskulatur und korrekt gestellte Beine sind ebenfalls zentrale Merkmale.

Gesundheit und Langlebigkeit: Die Zucht legt großen Wert auf robuste, gesunde Pferde, die lange leben und für verschiedene Aufgaben einsatzfähig sind. Dabei werden Erbkrankheiten minimiert und eine hohe Vitalität ange- strebt.

Charakter und Temperament: Haflinger sind bekannt für ihr ausgeglichenes, freundliches und geduldiges Wesen. Diese Eigenschaften sollen durch die Zucht verstärkt werden, sodass Haflinger als verlässliche Partner für Reiter aller Altersgruppen und Erfahrungsstufen dienen können.

Die Bedeutung von Zuchtlinien und Blutlinien
Die Zucht des Haflingers basiert auf einer klar strukturierten Linie, die auf den Gründungshengst 249 Folie zurückzuführen ist, der im Jahr 1874 gebo- ren wurde. Alle reinrassigen Haflinger lassen sich auf diesen Hengst zurück- führen, was bedeutet, dass die Zucht streng kontrolliert und die Reinheit der Blutlinie bewahrt wird.

Es gibt sechs anerkannte Hengstlinien, die die Grundlage der Haflinger- zucht bilden:

A-Linie (Anselmo): Diese Linie stammt von dem Hengst Anselmo ab und ist bekannt für kräftige, ausdauernde Pferde mit starkem Charakter.
B-Linie (Bolzano): Bolzano vererbte besonders gutmütige, umgängliche Pfer- de, die in der Reit- und Freizeitnutzung beliebt sind.
M-Linie (Massimo): Pferde dieser Linie zeichnen sich durch Eleganz und eine feine Bewegungsqualität aus.
N-Linie (Nibbio): Diese Linie bringt besonders robuste und widerstandsfähige Haflinger hervor.
S-Linie (Stelvio): Pferde dieser Linie sind bekannt für ihre Vielseitigkeit und Sportlichkeit.
W-Linie (Willomene): Diese Linie steht für Ausdauer und ein ruhiges Tempera- ment.

Die verschiedenen Hengstlinien bieten eine solide genetische Grundlage, um eine gleichmäßige Zuchtqualität sicherzustellen und die Vielfalt innerhalb der Rasse zu bewahren. Züchter kombinieren bewusst verschiedene Linien, um die besten Eigenschaften zu fördern und genetische Diversität zu erhalten.

Zuchtmethoden: Natursprung und künstliche Besamung

In der Haflingerzucht werden zwei Hauptzuchtmethoden verwendet: der Natursprung und die künstliche Besamung. Beide Methoden haben ihre Vorteile und tragen zur Verbesserung der Zuchtqualität bei.

Natursprung:

Der Natursprung ist die traditionelle Zuchtmethode, bei der die Stute direkt von einem Hengst gedeckt wird. Diese Methode hat den Vorteil, dass sie der natürlichen Fortpflanzung entspricht und bei vielen Züchtern immer noch als bevorzugte Methode gilt. Besonders in ländlichen Regionen und bei kleineren Zuchtbetrieben wird der Natursprung häufig eingesetzt.

Vorteile des Natursprungs: Der Natursprung bietet die Möglichkeit, die natürliche Auslese zu nutzen, da der Hengst und die Stute auf natürliche Weise aufeinander reagieren können. Diese Methode unterstützt auch die Stärkung der Pferderasse in Regionen, in denen die künstliche Besamung logistisch schwierig ist.

Künstliche Besamung:

Die künstliche Besamung (KB) hat in den letzten Jahrzehnten an Bedeutung gewonnen, da sie Züchtern eine größere Auswahl an Hengsten bietet, auch wenn diese nicht in unmittelbarer Nähe stehen. Diese Methode ermöglicht es, das genetische Potenzial von Spitzenhengsten weltweit zu nutzen, ohne dass das Pferd den Standort wechseln muss.

Vorteile der künstlichen Besamung: KB bietet mehr Flexibilität und Zugang zu hochwertigen Hengsten aus verschiedenen Ländern. Zudem können durch die künstliche Besamung Hengste häufiger genutzt werden, da kein direkter Kontakt zur Stute notwendig ist, was die körperliche Belastung für den Hengst reduziert.

Nachteile der künstlichen Besamung: Der natürliche Auswahlprozess entfällt, und es kann schwieriger sein, die Reaktionen zwischen Stute und Hengst zu bewerten.

Zuchtkontrollen und Zuchtauswahl

Um die Qualität der Haflingerzucht zu gewährleisten, finden strenge Zucht-

kontrollen und Auswahlprozesse statt. Dies beginnt bereits bei der Auswahl
der Zuchtpferde und umfasst regelmäßige Bewertungen und Prämierungen.

Körung der Hengste: Jung-Hengste müssen in der Regel eine sogenannte
Körung durchlaufen, bei der sie nach ihrem Exterieur, ihrem Gangwerk und
ihrem Verhalten beurteilt werden. Nur Hengste, die die strengen Zuchtstandards erfüllen, dürfen in der Zucht eingesetzt werden.

Stutbuchaufnahme: Auch Stuten müssen bestimmte Anforderungen erfüllen,
um in das Zuchtbuch aufgenommen zu werden. Diese Aufnahme erfolgt ebenfalls nach einem Bewertungssystem, das auf den Kriterien des Exterieurs, der
Bewegungsqualität und des Charakters basiert.

Leistungsprüfungen: Neben der körperlichen Bewertung durchlaufen viele
Haflinger auch Leistungsprüfungen, um ihre Eignung als Reit- oder Fahrpferde zu beweisen. Diese Prüfungen sind ein wichtiger Bestandteil der Zucht, da
sie sicherstellen, dass nicht nur das Exterieur, sondern auch die Leistungsfähigkeit der Pferde in die Zuchtauswahl einfließt.

Inzuchtvermeidung und genetische Diversität
Da alle Haflinger auf einen gemeinsamen Stammhengst zurückzuführen sind,
ist die Vermeidung von Inzucht ein zentrales Thema in der modernen Zucht.
Züchter sind bestrebt, die genetische Vielfalt innerhalb der Rasse zu erhalten
und Inzucht zu vermeiden, da dies das Risiko von Erbkrankheiten und einer
verminderten Vitalität der Pferde erhöht.

Gezielte Paarung: Züchter verwenden moderne genetische Tests und Zucht-
programme, um sicherzustellen, dass Pferde mit möglichst unterschiedlichen
genetischen Profilen miteinander verpaart werden. Dies trägt dazu bei, gesunde und widerstandsfähige Nachkommen zu erzeugen.

Fazit

Die Zucht des Haflingers folgt klar definierten Standards und Methoden, die
darauf abzielen, die charakteristischen Merkmale dieser vielseitigen Rasse
zu bewahren und weiterzuentwickeln. Mit der Kombination aus traditionellen Zuchtmethoden wie dem Natursprung und modernen Techniken wie der
künstlichen Besamung wird die Qualität der Rasse kontinuierlich verbessert.
Durch strenge Zuchtkontrollen, Leistungsprüfungen und die gezielte Vermeidung von Inzucht bleibt der Haflinger eine gesunde, langlebige und vielseitige
Pferderasse, die sowohl in der Freizeit als auch im Sport ihren festen Platz
hat.

BERÜHMTE HAFLINGER UND IHRE GE-SCHICHTEN

Der Haflinger hat eine lange und stolze Geschichte, die von außergewöhnlichen Pferden geprägt wurde. Einige Hengste haben durch ihre Nachkommen die Rasse entscheidend beeinflusst und zu ihrer heutigen Beliebtheit beigetragen. Diese berühmten Haflinger stehen für die einzigartigen Eigenschaften der Rasse – Stärke, Ausdauer und ein freundliches Wesen. In diesem Text stellen wir einige dieser bedeutenden Haflinger vor, deren Einfluss bis heute in der Zucht und im täglichen Einsatz spürbar ist.

249 Folie

249 Folie gilt als der Stammvater aller heutigen Haflinger. Geboren 1874, war er das Fohlen eines orientalischen Hengstes und einer robusten Gebirgsstute

aus Tirol. Folie ist der Ausgangspunkt aller heutigen Haflingerlinien, weshalb seine Bedeutung in der Zuchtgeschichte enorm ist. Ohne ihn gäbe es die heutigen charakteristischen Haflinger nicht.

Stelvio

Stelvio war ein Hengst, der in der Nachkriegszeit entscheidend zur Entwicklung der modernen Haflingerzucht beigetragen hat. Er ist der Begründer der S-Linie und hat durch seine Nachkommen viele wichtige Eigenschaften wie Kraft, Ausdauer und ein gutes Temperament vererbt. Pferde dieser Linie sind oft in der Sport- und Freizeitnutzung anzutreffen.

Anselmo

Der Hengst Anselmo war ein bedeutender Zuchthengst, der die A-Linie der Haflinger begründet hat. Diese Linie ist bekannt für Pferde mit starkem Körperbau und gutem Temperament. Anselmos Nachkommen sind oft in der Landwirtschaft und im Fahrsport eingesetzt worden, da sie eine besondere Eignung für Zugarbeiten besitzen.

Bolzano

Bolzano ist der Stammvater der B-Linie, einer weiteren bedeutenden Blutlinie der Haflingerzucht. Er ist bekannt für die Vererbung besonders umgänglicher und gutmütiger Haflinger. Seine Nachkommen sind vor allem bei Familien und Freizeitreitern beliebt, da sie besonders kinderfreundlich und ruhig im Wesen sind.

Nibbio

Nibbio begründete die N-Linie, die für besonders robuste und widerstandsfähige Haflinger bekannt ist. Diese Linie wird oft mit Pferden assoziiert, die sehr vielseitig einsetzbar sind, insbesondere im Gelände und bei langen Wanderritten. Nibbio-Nachkommen zeigen sich als trittsicher und ausdauernd, perfekt für anspruchsvolle Geländeausritte.

Diese Hengste und ihre Blutlinien haben die Haflingerzucht entscheidend geprägt und tragen bis heute zur Erhaltung und Weiterentwicklung der Rasse bei.

Es gibt auch berühmte Haflinger, die durch ihre Auftritte in Filmen und im Fernsehen Bekanntheit erlangt haben. Hier sind einige Beispiele:

Wendy – Der Film (2017)
In der Verfilmung der beliebten Kinderbuch- und Comicserie „Wendy" spielt ein Haflinger eine zentrale Rolle.

Der Film handelt von einem Mädchen, das auf einem Pferdehof lebt und eine enge Freundschaft mit einem Haflinger namens Dixie entwickelt.

Dixie ist mutig und treu, Eigenschaften, die perfekt zu der sanften und verlässlichen Natur des Haflingers passen.

Ostwind – Aufbruch nach Ora (2017)
Auch in der beliebten „Ostwind"-Filmreihe tauchen Haflinger auf.

Obwohl das Hauptpferd, Ostwind, ein schwarzer Hengst ist, sind Haflinger in einigen Szenen als Teil der Pferdeherde zu sehen.

Diese Filme haben bei einem breiten Publikum das Interesse an verschiedenen Pferderassen geweckt, darunter auch die charismatischen Haflinger.

Immenhof – Das Abenteuer eines Sommers (2019)
In den „Immenhof"-Filmen, die sich um das Leben auf einem Pferdehof drehen, tauchen ebenfalls Haflinger auf.

Sie sind Teil der Pferdeherde und repräsentieren die freundliche und vielseitige Natur, für die die Rasse bekannt ist. Auch in früheren Versionen der Immenhof-Filme waren Haflinger immer wieder präsent.

Diese Beispiele zeigen, dass Haflinger auch in der Film- und Fernsehwelt durch ihre Schönheit und ihr angenehmes Wesen begeistern und eine treue Fangemeinde unter Pferdeliebhabern haben.

TASSO e.V. und FindeFix sind zwei führende Organisationen in Deutschland, die sich auf die Registrierung und das Auffinden verlorener Haustiere spezialisieren.

Beide bieten wertvolle Dienstleistungen an, um vermisste Tiere wieder mit ihren Besitzern zu vereinen, und ergänzen sich in ihren Bemühungen, das Wohlergehen von Haustieren zu fördern.

TASSO e.V.

TASSO e.V. ist Europas größtes Haustierregister mit Millionen registrierter Tiere. Die Organisation bietet einen kostenlosen Service zur Registrierung von Haustieren, die mit einem Mikrochip oder einer Tätowierung gekennzeichnet sind.

TASSO arbeitet daran, verlorene Tiere zu identifizieren und sie sicher zu ihren Besitzern zurückzubringen. Dies wird durch eine umfangreiche Datenbank ermöglicht, in der die Identifikationsnummern der Mikrochips oder Tätowierungen zusammen mit den Kontaktdaten der Besitzer gespeichert sind.

Zusätzlich bietet TASSO einen 24-Stunden-Notfall-Service, eine verlorene-und-gefundene-Datenbank und verschiedene Informationskampagnen zum Thema Tierregistrierung und -schutz.

FindeFix - Das Haustierregister des Deutschen Tierschutzbundes

FindeFix ist eine Initiative des Deutschen Tierschutzbundes und dient ebenfalls der Registrierung von Haustieren, vor allem von Hunden und Katzen, aber auch **Pferde**.

Ähnlich wie TASSO verwendet auch FindeFix die Mikrochip-Technologie, um verlorene Haustiere zu identifizieren und zu ihren Besitzern zurückzuführen.

Die Registrierung bei FindeFix ist ebenfalls kostenlos.

Neben der zentralen Registrierungsdienstleistung bietet FindeFix Informationen und Unterstützung für Haustierbesitzer, darunter Ratschläge für den Fall des Verlusts eines Haustieres.

Zusammenfassung und Bedeutung

Sowohl TASSO als auch FindeFix spielen eine entscheidende Rolle im Tier-

schutz in Deutschland.
Durch die Bereitstellung von Registrierungs- und Rückführungsdiensten tragen sie dazu bei, die Sicherheit von Haustieren zu erhöhen und das Leid von verlorenen Tieren und ihren Besitzern zu verringern.

Die Registrierung bei solchen Organisationen ist ein wichtiger Schritt für verantwortungsbewusste Haustierbesitzer. Sie erhöht die Wahrscheinlichkeit, dass ein verlorenes Tier schnell und sicher nach Hause zurückkehrt.

Diese Organisationen ergänzen die Arbeit von lokalen Tierheimen und Tierschutzvereinen und bilden ein wichtiges Netzwerk zum Schutz und zur Fürsorge für Haustiere.

Die Dienste von TASSO und FindeFix sind beispielhaft für moderne Ansätze im Tierschutz und in der Tierregistrierung, die darauf abzielen, das Wohlergehen von Haustieren zu gewährleisten und die Bindung zwischen Tieren und ihren Besitzern zu stärken.

HAT IHNEN DIESES BUCH GEFALLEN?

Hallo zum Schluß, liebe Leserin und lieber Leser!

Wenn Sie mein Buch vom Anfang bis hier her gelesen haben, waren das jetzt gut 150 Seiten, die Sie studiert und mir dabei erlaubt haben, Sie dabei zu begleiten. Das macht mich unglaublich stolz und ich hoffe, Sie hatten Spaß beim Lesen und konnten wichtige Informationen für Sie ganz persönlich umsetzen.

Natürlich hätte ich dieses Buch niemals alleine herausgeben können, ein fleissiges und total Pferde verrücktes Team hat mir bei vielen Dingen wie den Fotos, dem Layout, der Grafik und vielem mehr geholfen - es handelt sich also um das Ergebnis einer einzigartigen und freundschaftlichen Teamarbeit.

Wenn Ihnen die letzten gut 150 Seiten eine angenehme, kurzweilige Zeit beschert haben und meine Tipps Ihnen helfen konnten, empfehlen Sie dieses Buch doch bitte weiter. Ich freue mich über jede einzelne neue Leserin und jeden einzelnen neuen Leser!

Erlauben Sie mir eine kleine Bitte zum Schluß: Wenn Ihre Zeit es zulässt, hinterlassen Sie doch bitte eine nette Rezension auf amazon oder dort, wo Sie es gekauft haben, für dieses Buch. Wir freien Autoren haben keinen mächtigen Großverlag hinter uns. Um auf dem großen Buchmarkt bestehen zu können, sind es vor allem die Rezensionen bei amazon + Co., die den „kleinen" Schreibern und dem Team im Hintergrund helfen.

Auch ein Posting in den sozialen Netzwerken wäre natürlich toll!

Dafür danke ich Ihnen ganz herzlich!

Alles Gute für Sie und Ihr Pferd,

Ihre Mareike Weiss & Team!